공손룡이 들려주는

이름 이야기

공손룡이 들려주는

이름 이야기

ⓒ 윤무학, 2008

초판 1쇄 발행일 2008년 4월 10일
초판 9쇄 발행일 2019년 3월 11일

지은이   윤무학
펴낸이   정은영

펴낸곳   (주)자음과모음
출판등록   2001년 11월 28일 제2001-000259호
주소   04047 서울시 마포구 양화로6길 49
전화   편집부 (02)324-2347, 총무부 (02)325-6047
팩스   편집부 (02)324-2348, 총무부 (02)2648-1311
e-mail   jamoteen@jamobook.com

ISBN 978-89-544-1988-8(64100)

공손룡이 들려주는
이름 이야기

윤무학 지음

㈜ 자음과모음

책머리에

　생각을 전달하는 언어는 어떻게 만들어졌을까요? 언어는 인류가 놀라움이나 감탄과 같은 감정을 나타내면서 갖게 되었다고 해요. 그 후에는 어두운 밤에 상대를 확인하기 위해서 특정한 이름이 필요하게 되었어요. 그뿐만 아니라 일반 사물을 구분하기 위한 명칭도 생겼어요. 명칭은 여러 사물을 구별하기 위하여 서로 약속하고 그것이 습관이 되면서부터 정해지는 것입니다.

　명칭에는 사람의 이름처럼 특정한 사물이나 사람을 다른 것들과 구분할 때 부르는 고유명사가 있어요. 또한 각각의 구체적인 사물을 포함하는 복합명사, 집단명사가 있고, 여러 개념을 포함하는 보편 개념이 있어요. 예를 들어 '사자'와 '호랑이'는 구체적 개념(명칭)이고, '짐승'은 보편 개념(명칭)이에요. 동양에서 최초로 구체 개념과 보편 개념을 구별하기 시작한 철학자가 바로 공손룡입니다.

　중국 춘추 전국 시대에 활약한 제자백가 가운데 명가를 흔히 '궤변학파'라고 부릅니다. '궤변'은 말로서 상대방을 혼란스럽게 만드는 행동을 뜻해요. 이 뜻대로라면 명가를 사이비 학파로 여길 수 있으나, 실은 그렇지 않습니다. 명가학파는 주로 최고 통치자들의 자문이나 외교관, 소송을 대리하는 역할을 담당했어요. 당시의 법률은 오늘날처럼 안정되어 있지 않았어요. 그래서 언어를 분석하여 논리 체계를 수립하는 일이 크게 중요했습니다.

중국 고대 전국 시대에는 명가뿐만 아니라 많은 논객들이 각국을 돌아다니면서 자신의 주장을 펼쳤어요. 당시 권력 계층은 이들을 잘 대접하여 자신의 정치 활동에 이득이 되도록 이용하기도 했어요. 명가학파도 정치에 관심이 있었지만 구체적으로 정치에 대한 문제보다 언어 개념을 분석하는 데에 치중했어요. 특히 혜시와 공손룡 등이 명가학파의 대표자입니다.

명가는 항상 상식을 거스르는 명제를 제기하여 유가나 도가 등으로부터 비판을 받았어요. 특히 순자와 장자는 이들을 굉장히 싫어하고 따돌렸어요. 장자는 명가가 사람의 마음을 혼란스럽게 했다고 비판했어요. 또한 순자는 등석과 혜시를 아울러 아무런 쓸모가 없는 말재주를 가지고 대중을 속인다고 했죠.

그러나 명가의 최종 목적은 이름(명)과 사물(실)의 관계를 밝히는 데 있습니다. '명'이란 우리 마음에 있는 관념을 뜻하고, '실'이란 밖으로 드러나는 형태와 성질을 말해요. 명과 실의 관계를 밝히려면 관념과 사물의 관계를 알아야 합니다. 공손룡이 살았던 당시 중국의 사회 질서는 체계가 잡혀 있지 않고 어지러워 명실의 관계가 명확하지 못하였습니다. 그래서 명가는 명실을 밝히는 것이 사회 개혁의 우선순위라고 생각하였던 것입니다.

이 책은 명가의 대표자인 공손룡의 학설을 동화로 엮은 책입니다. 어려운 공손룡의 철학을 청소년들이 쉽고도 흥미롭게 읽을 수 있도록 꾸며 준 자음과모음 관계자 여러분께 깊이 감사드립니다.

2008년 4월

윤무학

C O N T E N T S

"얼른 자야 내일 일찍 일어나지. 지금이 몇 신데 아직도 불을 안 끄고 있는 거야, 그러니 매일 지각이지."

이크, 엄마한테 딱 걸렸네요. 엄마가 불 켜진 제 방문을 열고는 인상을 찌푸리십니다. 한참 나 자신에 대해 탐구하고 있던 참인데, 엄마야말로 그냥 주무실 일이지 왜 다 큰 아들 방문은 열어보냐고요.

"알았어요. 막 자려던 참이에요. 그리고 엄마도 참, 노크 좀 하세요. 자식에게도 예의가 필요한 법이라니까요."

"예의 좋아하고 있네. 녀석아, 그렇게 거울만 들여다보고 있으면 눈이 커지니, 얼굴이 작아지니? 거울 쳐다볼 정성으로 책을 봐라. 그럼 머리라도 똑똑해지지. 안 그래?"

엄마는 꼭 아들을 저런 식으로 무시한다니까요. 엄마는 내 진가를 모르는 모양이에요. 이 얼굴로 나가면 얼마나 많은 여자애들이 나를 쳐다보는데요. 엄마는 아들의 매력을 어쩜 그렇게 모를까.

"바로 불 꺼. 알았어?"

대답 없이 가만히 있자 엄마가 짧게 한마디 하고 나가셨어요. 하여튼 엄마하고는 길게 얘기해 봐야 잔소리만 더 들으니까 대꾸를 하지 않는 게 최고예요.

엄마가 나가고도 나는 좀 더 거울을 쳐다봤습니다. 아무리 봐도 이런 인물은 드물지 않겠어요? 남자답게 짙은 눈썹, 똑똑해 보이는 눈, 그리고 멋진 코! 엄마에게 고마운 점 하나는 이거라니까요. 엄마를 닮은 오똑한 코! 이 코가 내 얼굴이 더 잘생겨 보이게 하거든요. 하하하.

아차차! 그런데 책가방을 안 쌌냈네? 퍼뜩 생각이 나서 나는 얼른 책과 공책을 챙겼어요. 아…… 그때 내 눈에 들어온 것은, 공책에 적혀 있는 내 이름 석자……

이렇게 부족한 것 없이 완벽한 나에게 단 하나 아쉬운 점이 있다면, 저 황당하고 어이없고 부르기도 싫은 내 이름! 그것이랍니다.

아니, 이렇게 훌륭한 외모에 저런 요상한 이름이라니, 우리 할아버지도 너무하지 않나요? 혹시 손자 이름을 장난으로 지은 것 아닐까요? 나한테 상의도 하지 않고, 먼저 양해도 구하지 않고, 허락도 받지 않고, 어떻게 이런 이름을 붙여줄 수가 있냐고요! 휴~, 항상 봐도 항상 속상한 내 이름…… 도대체 그 이름이 뭐냐고요?

피, 말하기도 싫어요! 말해 주면 웃을 거면서! 다들 그런다고요. 이름이 뭐냐고 묻고는 알려 주면 다 웃어요. 이 책을 읽는 여러분은 절대!!! 웃으면 안 돼요. 정말 약속할 거죠?

내 이름은…… 팽·개·동!

그것 봐요! 웃었죠? 그렇죠? 웃는 소리가 여기까지 다 들린다고요. 비웃는 소리가…….

난 말이에요, 어른이 되어서 주민등록증이 나오면 제일 먼저 하고 싶은 일이 있어요. 바로 '개명 신청'이죠. 지금은 아무리 졸라도 부모님이 이름을 안 바꿔 줘요. 얼마나 좋은 뜻이 담긴 이름인데 그걸 바꾸냐고 하시면서요. 뜻이 뭐가 그리 중요한가요? 이름 때문에 마음고생이 많은 아들을 생각하면 당장이라도 고쳐 줘야 하는 거 아니에요? 치, 그런데 뭐 절차가 까다롭다느니 돈이 많이 든다느니, 그러면서 해 줄 생각도 안 해요.

그래서 어른이 되면 당장 나 혼자 법원에 달려가서 신청할 거예요. 아, 그럼 어떤 멋진 이름으로 지을까? 나 정도 얼굴이면 장동건 정도가 딱 어울릴 텐데, 남이 쓰고 있는 이름이니 그렇고……. 흠……, 알렉스? 어때요? 요샌 영어식 이름도 유행이던데……. 아니면 데이비드? 석호필? 히히.

아참! 이럴 때가 아니지. 얼른 자야 내일 일어나지요. 알림장이 어디 있더라⋯⋯. 여기 있네요. 가방에 알림장을 챙겨 넣다가 공책에 써 있는 내 이름을 보고는 다시 기분이 상해 버렸어요. 팽개동이라니, 팽개동이라는 이름을 확 팽개쳐 버리고 싶어요.

나는 그만 침대 속으로 들어가 이불을 확 덮었습니다. 생각하면 뭐해요. 잠이나 자야지.

호랑이 방송 출연 사건

 나는 다른 것과 같은 것을 한데 합치기도 하고, 한데 붙어 있는 개념을
떼어 놓기도 했다. 나는 옳지 않은 것을 옳은 것으로 만들고 불가능을
가능으로 만들어서, 모든 사람들이 알고 있는 것들을 혼란에 빠뜨렸다.

– 〈장자〉 '추수' 편

1 호랑이가 텔레비전에 나온대

"야, 저기 방송국 차다!"

점심을 후딱 먹고 운동장에서 신나게 축구를 하고 있을 때였습니다. 누군가 소리쳐서 쳐다보니 정말로 방송국 차가 학교 안으로 들어오지 않겠어요! 아, 내 잘생긴 얼굴이 알려져서 드디어 방송국에서 날 데려가려나 봐요! 그거 왜, 연예인으로 뽑아가는 거 있잖아요.

"역시 보석은 흙에 묻혀 있어도 빛나는 법이지. 하하. 날 헌팅하러 온 거 아니겠어?"

내가 으스대며 말하자 같이 공을 차던 호사 녀석이 대답합니다.

"헌팅? 방송국 차가 뭐 사냥 다니냐? 캐스팅이겠지. 캐스팅 되려면 넌 공부를 먼저 해야 될 것 같은데. 그렇게 무식해서 대사나 외우겠어?"

으이그, 호사 녀석은 남 무안 주고 잘난 척하는 데 선수라니까요. 아 참, 이 녀석도 나만큼 이름이 웃기다니까요. 성은 변씨, 이름은 호사. 그래서 '변호사' 랍니다. 잘난 척 하는 건 못 봐주겠지만 똑똑하고 공부 잘하는 건 사실이지요. 그런데 이런 녀석이 나중에 진짜 변호사가 되면 '변호사 변호사님' 이라고 불러야겠지요? '팽개동 변호사님' 이렇게 부르는 것처럼요? 이히히, 생각만 해도 엄청 우습지 뭐예요.

"뭐 연예인이 배우만 있냐? 가수도 있고 모델도 있는데 뭘. 별로 외울 거 없을 걸. 어쨌거나 이 팽개동 님을 알아보고 데리러 온 걸 거야. 틀림없어."

아이들이 우르르 방송국 차를 쫓아가자 저도 같이 따라갔습니다. 호사도 궁금한 지 공을 챙겨들고 뒤따랐지요.

차가 멈추고 사람들 몇 명이 내렸습니다. 어떤 아저씨는 큰 카메라를 어깨에 멨고, 어떤 아저씨는 은박지 같은 원판을 들었습니다. 방송국 마크가 써 있는 차만 봐도 마음이 잔뜩 부풀어오르던 아이들은 방송에서 보던 진짜 카메라와 마이크를 보고 거의 기절할 정도로 흥분했습니다.

'촌스럽기는…… 나는 이제 매일 저런 카메라 세례를 받을 몸인데. 흠.'

카메라에 몰려드는 아이들을 보면서 속으로 웃었지요. 스타가 되면 이것보다 더 많은 팬들에 둘러싸일 텐데 좀 귀찮은 일이라는 생각도 들었습니다. 하지만 뭐, 좋은 것만 다 누릴 수가 있나요.

"여기 학교에 진짜 호랑이가 있니?"

방송국에서 온 아저씨가 아이들에게 물었습니다. 호랑이라면? 에이, 그런 거였네요. 날 찾아온 게 아니라 호랑이를 찾아온 거라고요. 우리 학교의 호랑이, 내 친구 호랑이요.

"5학년 4반에 가면 있어요. 제가 안내해 드릴게요!"

아저씨의 물음에 변호사 녀석이 크게 소리쳤습니다.

그래요, 호랑이는 우리 반의 1번, 키가 작아서 번호가 1번인 내 친구의 이름이랍니다. 나만큼이나 특이한 이름이 또 있지요? 팽개동, 변호사, 호랑이. 그러고 보니 내 친구들은 모두 희한한 이름들만 가졌네요. 아, 또 한 명, 순신이가 있어요. 이순신. 순신이 아빠가 이순신 장군을 아주 존경해서 아들 이름을 그렇게 지어줬 대요.(우리와 같이 있을 땐 이순신이라는 이름이 제일 평범해 보 이죠?) 순신이는 덩치는 이순신 장군만하지만 성격은 그렇지 못 하답니다. 얼마나 소심하고 여자 같은데요. 이 씨만 아니었다면 '순신'이라는 여자 같은 이름이 딱 어울린다니까요.

친구들은 모두 이상한 이름을 가진 우리들을 놀리죠. 그런 재미 로 학교에 오나 봐요. 유치하게 말이에요. 하필이면 특이한 이름 을 가진 애들끼리 친구가 됐다고 더 놀린다니까요. 어쩌면 이름으 로 놀림 받고 속상했던 마음이 통해서 더 친한 친구가 된 건지도 몰라요. 동병상련이랄까?(앗! 이렇게 어려운 한자까지!)

그런데 방송국 아저씨들이 찾아온 건 내 친구 호랑이라네요. 랑 이를 왜 찾으러 왔을까요? 혹시 랑이가 뭐 잘못한 일이라도 있는 거 아닐까요?

"네가 아까 한 말이 딱 맞았어. 헌팅이라고 했던 거. 이 아저씨들 이 진짜 호랑이를 사냥하러 가는 거잖아. 쿡쿡쿡."

방송국 사람들을 안내하며 걸어가는 호사가 내 귀에 대고 소곤 거렸습니다. 그래요. 내가 캐스팅되는 게 아니라 호랑이가 헌팅되는 거였네요.

"거 봐. 내가 선견지명이 있다니까." (앗! 또 어려운 한자!)

전교 애들이 다 따라붙은 것 같았습니다. 방송국 아저씨들의 키가 우리보다 크지 않았다면 애들에 파묻혀서 보이지도 않을 거예요. 아저씨들은 거의 떠밀리다시피 우리 교실로 들어갔습니다.

"랑이야! 이 아저씨들이 널 찾으셔!"

무슨 큰 사명이라도 맡아서 임무를 수행하는 것처럼 호사가 외쳤습니다. 교실에 있던 랑이를 비롯해 모든 애들의 눈이 휘둥그레졌지요.

"우리는 SBC 방송국에서 나왔단다. 너희들 〈있을까? 없을까?〉 프로그램 봤니? 거기에 누가 제보를 했더구나. '호랑이'라는 이름이 있다고 말이다. 그래서 확인하러 온 거야."

마이크를 든 아저씨의 말에 아이들이 일제히 떠들어대기 시작했습니다. 그거 내가 제일 좋아하는 프로그램이라는 둥, 거기 나오는 개그맨 누나가 웃긴다는 둥, 나도 출연하게 해 달라는 둥, 도무지 아저씨들이 다음 말을 할 수 없게 말이죠.

"자~자, 잘 알았고, 아저씨들은 취재를 해야 하니까 너희들은 잠깐 가만히 있어주라. 응? 가장 얌전한 학생을 출연시켜 줄 거야. 알았지?"

아저씨의 말에 애들의 흥분은 좀 진정된 것 같았습니다. 드디어 전구에 엄청 밝은 빛이 들어오면서 인터뷰는 시작되었지요.

"저는 5학년 4반 호랑이입니다. 여기 공책에 제 이름이 있고요, 출석부에도 이름이 있어요. 우리 아버지 이름은 호길호구요, 제 여동생 이름은 호은지입니다."

랑이가 진짜 자기 이름이 맞다는 걸 보여주려고 가족들의 이름 까지 말해 주었습니다. 우리나라에 호씨 성을 가진 사람은 랑이 한 명뿐인 줄 알았는데, 이제 내가 아는 사람만 해도 세 명이나 되는 걸요?

방송국 아저씨들은 교실 뒤편에 꾸며 있는 '우리들 솜씨'도 한 참이나 찍었습니다. 랑이가 그린 그림과 그 밑에 붙여진 이름도 다 찍어갔지요. 그래야 시청자도 믿을 거라고 말이에요.

친구들 몇 명도 인터뷰를 했는데, 나는 찍히지 못했어요. 방송국 아저씨도 이 잘생긴 얼굴을 단번에 알아보고, 카메라를 나에게 비추었는데 아 글쎄, 내게 카메라 울렁증이 있었다는 거 아니겠어 요? 막상 빨간 불이 켜진 카메라를 보니까 아무 생각도 안 나고 심장이 막 두근두근하면서 말이 안 나오는 거예요. 몸도 떨리고

울렁거리고……. 그래서 카메라 울렁증이라고 하나 봐요.

아, 내 방송 첫 출연은 그렇게 허무하게 무너지고 말았답니다. 스타가 되기 위한 길은 역시 멀고도 험한 건가 봐요. 그런데 랑이 녀석은 어쩜 그렇게 떨지도 않고 말을 잘하는지. 살짝 샘이 나더라고요.

그렇지만 하나 다행인건 내 이름이 방송을 타지 않았다는 사실이에요. 친구라고 이름이 자막으로 밑에 나올 텐데 거기에 '팽개동'이라고 찍혀 봐요. 그렇게 소문나 버리면 나중에 멋진 이름으로 데뷔할 때 손해잖아요. 안 그래요?

한바탕 소동이 지나가고 방송국 차가 운동장을 나갔어요. 물론 그 뒤로도 애들은 학교 수업이 끝날 때까지 그 얘기만 했지요. 방송이 다음다음 주라고 했으니 자기가 텔레비전에 나올 지도 모른다고 기대를 잔뜩 품고 있었습니다. 방송국 차라곤 구경도 못해보던 학교에 호랑이 녀석 덕분에 큰 사건이 하나 생긴 것이죠.

2 호랑이가 뭐 어때서?

    월요일 아침, 나는 어느 때보다 일찍 학교로 향했습니다. 보통 때는 일주일 중 월요일에 제일 늦게 가는데 오늘은 다릅니다. 학교에 가면 할 얘기가 엄청 많거든요. 드디어 2주를 기다리던 랑이의 방송이 있었던 뒤라서 말이에요. 주말 방송에 〈있을까? 없을까?〉를 하는데 우리 학교가 나오는 장면이 얼마나 신기하고 재미있었는지 할 얘기가 태산이에요. 우리 식구들도 같이 봤는데 나도 한 장면 나왔어요! 랑이가 얘기할 때 교실 창문 밖에서 열심히 손가락 브이하고 있는 모습이요! 물론 너무 먼 거리에서 찍힌 거라 식구들도 잘 못 알아봤지만……

"너도 봤냐? 나 텔레비전에 나왔잖아."

"네가 어디 나와? 넌 카메라 보고 도망갔잖아. 울렁증인지 뭔지."

역시 내 친구지만 호사도 눈이 좋진 않아요. 분명히 출연했는데 말이에요.

"에이, 랑이 인터뷰할 때 뒤에서 브이하고 있던 거 못 봤어? 이 렇게 말이야."

나는 텔레비전에 나왔던 모습 그대로 손가락 브이를 해 보였습니다. 그래도 호사는 전혀 모르겠다는 얼굴이었지요.

"그건 그렇고, 랑이 얼굴 아주 잘 나오던데. 머리도 크게 나오지 않고. 우리 교실이랑 친구들 얼굴이 방송에 나오니까 진짜 신기하긴 하더라. 그치?"

내 얼굴도 못 알아본 호사 녀석은 미안해하지도 않고 계속 떠들었습니다. 내가 더 할 얘기가 많았는데 자기가 더 말을 많이 하네요. 누가 변호사 아니랄까 봐.

호사랑 한참 얘기하고 있는데 순신이가 다가왔습니다.

"너희들 랑이 못 봤어?"

"응? 랑이? 아직 안 왔어?"

그러고 보니 주인공인 랑이가 보이지 않았습니다. 모두들 랑이에 관한 얘기를 하고 있었지만 정작 랑이가 없었던 거예요.

"이상하다. 곧 수업 시작할 텐데 항상 일찍 오던 애가 왜 안 오지? 자랑하려고 더 일찍 올 줄 알았는데."

순신이의 말에 우리도 걱정이 되었습니다. 랑이는 우리 교실에 첫 번째 아니면 두 번째로 등교하는 친구였거든요.

"텔레비전에 나오는 자기 얼굴 보고 쑥스러워서 안 나오는 거 아냐? 걔가 부끄럼이 많잖아."

호사가 나름대로 논리적인 추측을 했습니다. 랑이는 사실 호랑이보다는 고양이라고 했어야 더 어울릴 성격이긴 해요. 혼자 있는 걸 좋아하는 조용한 친구거든요. 그런 녀석이 어떻게 인터뷰를 했는지 몰라요.

"글쎄……. 그렇다고 학교까지 안 나올 리는 없는데."

우리들이 궁금해 하는데 마침 선생님이 들어오셨습니다.

"너희들도 방송 다 봤지? 선생님도 봤다. 말을 아주 잘하던데."

방송 얘기를 꺼내자마자 애들이 난리가 났습니다. 마치 그 방송에서 자기들이 주인공이기라도 했던 것처럼 모두 떠들어댔지요.

"그래. 랑이 덕분에 우리가 재미있었었지. 그런데 랑이가 오늘은 아파서 못 나오게 됐다."

"왜요?"

선생님의 갑작스런 말씀에 애들이 놀라서 물었습니다. 호사와 나도 눈을 동그랗게 뜨고 마주보았지요.

"인터넷 댓글이 참 문제야. 랑이가 나온 방송을 보고 사람들이 게시판에 이상한 말들을 썼다는구나. 랑이 이름을 가지고서 사람들이 심하게 놀리고 있는 모양이야. 그렇잖아도 감기에 걸려서 열도 오르고 아팠는데 그거 보고 더 아파져서 누워 있단다. 자기 얼굴이 보이지 않는다고, 아무 내용이나 마구 쓰는 건 직접 보고 욕을 하는 것보다 몇 배나 나쁜 짓이야. 너희들 악성 댓글 때문에 생긴 문제들 많이 봤지? 심지어는 목숨을 잃게도 만들지 않니."

선생님의 말에 아이들이 웅성댔습니다. 우리들은 그냥 신기하고 재미있는 일로만 생각했는데 막상 랑이에게는 그것이 그렇게 상처가 될 일이라고는 생각하지 못했으니까요. 아니, 방송만 보면 되지, 왜 남의 이름 갖고 그렇게 놀리는 거냐고요.

"저도 저번에 인터넷 댓글을 보는데 욕도 써 있고 그랬어요. 인터넷에 글 올릴 때는 딴 사람이 되나 봐요. 남을 인터넷에서 욕하면 사이버 명예훼손죄로 3년 이하의 징역이나 2천만 원 이하의 벌금형도 받을 수 있거든요. 그게 간단한 문제가 아닌데 다들 모르나 봐요."

역시 변호사는 변호사예요. 어쩌면 이렇게 아는 것도 많을까요. 너무 잘난 척을 하는 게 흠이긴 하지만 똑똑한 소리를 할 때는 내 친구인 게 자랑스럽게 생각되기도 해요.

"호사 말대로 사이버 상에서 자기 이름 안 보인다고 아무 말이나 해서 누굴 속상하게 하면 안 되겠지? 너희들은 사이버 예절을 잘 지키는 학생들이 되도록. 알겠나?"

"예!!"

선생님의 말에 아이들이 씩씩하게 대답했습니다. 당연한 일이지만 나도 새삼 다짐했지요.

그나저나 랑이는 얼마나 아픈 걸까요? 마음이 많이 다친 게 분명해요. 랑이가 몸집은 작아도 아주 단단해서 아픈 걸 본 적이 없는데 말이에요.

"우리 랑이네 집에 가 보자. 친구가 아프다는데 가만히 있을 수 있겠어?"

수업이 끝나고 교실을 나오며 순신이가 말했습니다. 내 생각도 당연히 그랬죠. 순신이나 호사는 학교 마치면 학원을 가야 하니까 나 혼자라도 랑이네 집에 갈 생각이었는데 순신이 녀석, 이름답게 의리가 있네요.

"그래. 학원은 다음 시간으로 옮기고 랑이한테 먼저 가 봐야겠어. 참, 그 전에 인터넷에 뭐라고 써 있는지 보고 갈까? 도대체 어떤 말들이 있기에 랑이가 그렇게 속상해 하는지 말이야."

호사의 제안에 우리는 고개를 끄덕이고 같이 도서관으로 갔습니다. 도서관에는 컴퓨터가 몇 대 있어서 우리가 필요할 때 쓸 수 있었거든요.

〈있을까? 없을까?〉의 인터넷 사이트를 열어 보았더니 랑이가 출연했던 날의 내용이 나와 있었습니다. 과연 게시판에 이런 저런 얘기들도 올라와 있었지요.

"뭐야, 동물원에 가라고? 이 자식 웃기네! 호랑이는 동물원에나 가라, 이렇게 써 있잖아!"

마우스를 굴리며 게시판을 보던 호사가 흥분하며 소리쳤습니다. 같이 모니터를 보던 우리가 보기에도 기분이 좋지 않은 내용의 댓글들이 여러 개 보였지요.

ㄴ, re : 네가 호랑이면 나는 사자다.

ㄴ, re : 네 형은 그럼 호빵맨이냐?

ㄴ, re : 누나는 호박씨? 호호호~.

ㄴ, re : 그런 이름 가지고 사느니 난 차라리 죽겠다.

ㄴ, re : 쟤 옆에 가까이 가면 안 돼여. 잡혀 먹히면 어떡해. ㅠㅠㅠ

대충 보기에도 기분이 나쁜 말들뿐이었습니다. 더 심한 말도 있고 욕도 있지만, 차마 여기에는 다 옮기지도 못하겠어요. 이런 말들을 봤으니 랑이 마음이 오죽했을까요. 너무 안쓰러워서 랑이를 제보한 사람을 쫓아가 따지고 싶다니까요.

"다 신고해 버릴까? 아까 네가 말한 거, 사이버 명예훼손죄인가, 그걸로 말이야. 이 사람들 너무한 거 아니야?"

순신이가 자기 일이라도 되는 듯 분해서 말했습니다.

"우리 같은 미성년자들은 신고할 자격이 안 될 거야. 그리고 된다 해도 법적으로 처리하려면 돈도 많이 들고……. 어쨌든 우리는 우리가 할 수 있는 일이나 하자. 랑이네 가서 위로해 줘야지. 얼른 일어나."

호사가 가방을 메고 먼저 일어섰습니다. 우리도 일어나 호사와 같이 나섰지요.

랑이네 집에는 랑이 혼자 누워 있었습니다. 랑이 부모님은 맞벌이를 하셔서 낮에는 안 계시거든요.

"어, 너희가 웬일이야?"

조그만 랑이 녀석의 몸집이 더 작아 보이는 것 같았습니다. 확실히 감기보다 마음의 병이 더 큰 모양이에요.

"많이 아파? 약은 먹은 거야? 아무 상관없는 사람들이 써 놓은 거 보고 속상해 하고 그래. 그딴 거 볼 필요도 없어. 기운 내!"

순신이가 랑이의 어깨를 치며 말했습니다. 다른 애들도 그런 말들을 보면 속상하겠지만, 특히나 소심한 성격의 랑이에게는 더 힘든 일이었을 거예요.

"난 내 이름이 이상하다는 생각 안 했거든. 부모님이 지어 주신 좋은 이름이라고 여겼는데 이번 일을 겪으면서 내 이름이 진짜 그렇게 놀림 당해야 하는 건지, 그런 생각이 들더라. 호랑이가 그렇게 이상한 이름인 거야?"

랑이가 거의 울 것 같은 얼굴로 말했습니다. 에잇, 나쁜 사람들! 착하고 소심한 내 친구를 이렇게 슬프게 만들다니. 나는 누군지도 모르는 그 사람들에게 막 화가 났습니다.

"사람들이 이름에 대한 의미를 잘 몰라서 그래. 동물 호랑이는 호랑이고, 우리 친구 호랑이는 다른 호랑이인데 말이야. 공손룡도 그런 얘기를 했거든."

나는 별다른 위로의 말을 찾을 수 없어서 속으로만 식식거리고 있는데, 호사가 짐짓 진지하게 말을 꺼냈습니다.

"뭐? 공손룡? 공손한 용이라는 뜻이야?"

"야, 설마 그렇게 예의바른 용이 있겠냐? 공손한 용이라니 말도 안 돼."

호사의 진지함에는 상관도 없이 순신이와 나는 키득거리며 농담을 했습니다. 세상에 공손한 용이라니, 웃기지 않아요? 그런데 공손룡이 사람인가?

"너희들 무식한 건 알고 있었지만 책 좀 읽어라. 응? 공손룡은 옛날 중국 조나라 때 사람인데 이미 그때 서양의 논리학과 같은 이론을 생각했던 사람이지. 공손룡은 '이름은 실제 사물을 가리키는 것이다.'라고 했거든. 그러니까 책상은 책상, 종이는 종이, 개동이는 개동이, 이렇게 이름이 곧 실제 사물이라고 했던 거지."

역시나 아는 것 많은 우리의 변호사님이 척척 설명을 해 주네요. 호사는 언제 그런 걸 다 외우고 다니는지, 나는 죽었다 깨나도 저

렇게 못할 거예요.

"아, 그러니까 그 손룡 아저씨는 이름의 의미가 중요하다고 한 거구나?"

"으이그, 이름이 손룡이 아니라 성이 '공손', 이름이 '룡', 그래서 '공손룡'이라고. 순신이 네가 방금 한 말은 맞는데, 이름이 중요하다면서 남의 이름도 바꾸고 그러냐?"

호사는 순신이를 면박 주면서 또 잘난 척을 했습니다. 호사가 저렇게 남을 무안하게 할 때는 얄미워진다니까요. 모를 수도 있는 거지 뭐, 안 그래요?

"공손룡은 우리가 사용하는 이름에는 사람의 명분과 사물의 명칭이라는 뜻이 담겨 있다고 했거든."

"아~ 어려운 말 좀 쓰지 마. 명분은 뭐고 명칭은 또 뭐야?"

"명분은 이름에 맞는 행동이나 도리를 해야 한다는 거야. 명칭은 이것과 저것을 구분하기 위해 부르는 말, 이름 같은 거지. 제자백가 시대는 전쟁이 자주 일어나고 사람들도 많이 죽었대. 그리고 새로운 신분이랑 사물들이 계속 나타나니까 사람들이 혼란스러웠던 거지. 그래서 명칭을 제대로 정립하기 위해서 이름의 의미가 중요하다는 주장을 했던 거지. 공손룡의 주장은 지금 우리에게도 여전히 중요하다고 볼 수 있어. 우리 친구 랑이와 동물 호랑이는 분명히 다른 건데, 사람들은 같은 것인 양 여기고 이상한 얘기나 써 놓고 말이야. 이건 논리적으로도 말이 안 되는 일이지."

언제나 논리를 강조하고 좋아하는 호사가 '논리적'이라는 말에 유난히 힘을 주며 말했습니다. 얄미운 구석도 있지만 똑 부러지게 맞는 소리 하는 건 인정해 줘야겠지요.

"그러네. 공손한 용하고 공손룡이 다른 것처럼. 안 그래?"

순신이가 고개를 끄덕거리며 대답했습니다.

"아, 알 것 같아. 그러니까 인터넷에 이상한 댓글이 있어도 그건 내 얘기가 아닌 거구나. 사람들이 이름을 바로 세우지 못하고 나 호랑이를 엉뚱하게 다른 걸로 생각하는 거니까 말이야."

우리들의 얘기를 듣고 있던 랑이가 조용히 한마디 했습니다. 그 말을 하는 랑이의 얼굴이 조금 밝아진 것 같아 보였지요.

3 이름을 바로 세워야 해

"와, 랑이 제대로 알아들었는데? 내가 하고 싶은 말이 그거야. 사람들이 무식해서 하는 말인데 네가 왜 상처를 받니? 공손룡이 그런 걸 읽어 봤으면 따끔하게 말했을 걸. 정명(正名)! 이름은 곧 실제 사물인데 호랑이가 누군지도 모르고 그런 소리를 한다고 말이야."

호사의 말에 랑이가 싱긋 미소까지 지어보였습니다. 호사의 얘기가 랑이에게 위로가 된 모양입니다. 아는 것 많은 호사 덕분에 우리가 찾아온 목적은 이룬 셈이죠. 랑이의 기분이 좋아진 걸 보면 말이에요.

"그럼 너 내일, 학교 꼭 나와야 해. 애들이 얼마나 기다리고 있다고. 너 스타된 거 모르냐? 방송 한 번 나오니까 전교에서 너 모르는 애들이 없을 정도야. 어쩌면 팬클럽도 하나 생겼을지 몰라."

순신이의 너스레에 우리 모두 웃음을 터뜨렸습니다. 스타가 될 건 나인데 랑이가 먼저 스타가 되다니요. 그렇지만 뭐, 내가 좋아하는 친구가 잘 된다는 데 배 아파할 내가 아니죠. 진짜 스타는 그 정도로 속 좁지는 않으니까요. 히히.

"나도 그러고 싶지만 내일까지는 어려울 것 같아. 그냥 감기가 아니라 독감이라서 완전히 나을 때까지 집에서 쉬어야 한대. 나도 가만히 누워만 있으려니 몸이 근질거리지만 참아야지. 괜히 학교 갔다가 애들에게 독감 다 옮기면 곤란하잖아. 선생님께도 잘 말씀드려 줘."

랑이가 그러면서 기침을 심하게 했습니다. 마음고생도 고생이지만 진짜 몸이 아프긴 했나 봐요.

"아참, 랑이 너 좋겠다! 내일 수학 시험 본다고 했는데, 넌 안 봐도 되겠다. 에구, 나는 왜 감기도 안 걸리냐. 시험 날만 딱 골라서 아팠으면 좋겠는데 왜 바이러스는 나만 피해 다니는지 모르겠어. 아, 나한테 기침 좀 더 해 줘. 내 몸에 팍팍 독감 바이러스 들어오게. 응? 응?"

내 말에 애들이 어이없다는 듯 웃었습니다. 나는 진심인데 말이에요. 어떻게 된 일인지 나는 아무리 찬바람을 쐬고 놀아도 몸이 멀쩡하다니까요. 내일 시험 보면 또 부모님 사인 받아 오라고 할텐데, 그럼 엄마의 무지막지한 잔소리를 어떻게 견뎌야 할지……. 차라리 랑이처럼 아파 누워있는 게 더 나을 거예요.

"독감 바이러스 기다릴 시간에 문제집 하나 더 풀어 봐라. 그게 더 빠르지 않겠냐? 너처럼 상처 전혀 안 받고 아무 생각 없이 사는 사람은 병균도 아무 생각 없이 안 들어오지. 흐흐."

"뭐? 아무 생각 없이가 아니라 낙천적인 거지! 건강의 비결이 낙천적인 성격이라는 거 몰라?"

나는 호사가 놀리는 말에 발끈해서 대꾸했습니다. 호사 녀석은 아주 나를 골리는 재미로 사는 것 같다니까요.

"그래, 그러니까 네가 튼튼하잖아. 그러니 튼튼한 몸으로 공부하라고."

으이그, 우리 엄마한테 들을 잔소리를 벌써 호사에게 다 들은 것 같아요.

"아차, 나 학원 차 시간 늦었어! 빨리 가 봐야겠다."

공부 얘기가 나오자 갑자기 생각났는지 순신이가 부랴부랴 일어나 먼저 나갔습니다. 순신이 엄마는 우리 엄마의 열 배쯤 무서워요. 그래서 학원에 한 번이라도 빠지면 큰일이랍니다. 언젠가는 순신이랑 공차기를 하다가 학원을 한 번 빼 먹었는데 순신이 엄마에게 들통 나서 나까지 얼마나 혼이 났는데요. 그때 알았답니다. 우리 엄마가 그래도 꽤 착한 편이라는 걸요. 히히.

순신이가 먼저 가 버리고 호사와 나도 곧 랑이 집을 나왔습니다. 저 앞 사거리에서 호사는 오른쪽, 나는 왼쪽으로 가면 집이 나오지요.

"개똥!"

갑자기 호사가 소리쳤습니다.

"뭐? 왜 갑자기 남의 별명은 부르고 그래? 내가 그 소리 얼마나 듣기 싫어하는지 알면서!"

나는 친한 친구인 호사에게마저 개똥이라는 소리를 듣고 너무 기분이 나빠져 쿵쿵 발을 굴렀습니다.

"야! 네 발에 개똥 묻었어!"

호사 말에 그제야 발을 보니 신발에 개똥이 잔뜩 묻어 있는 게 아니에요?

 "웩! 이게 뭐야. 누가 개똥을 치우지도 않고 그냥 간 거야? 에잇, 다 묻었잖아!"

 "그러게 개똥 조심하라고 알려준 건데 밑도 안 보고 발을 구르더라니."

 호사가 안됐다는 표정으로 나를 쳐다보며 말했습니다.

 "그럼 개똥 조심하라고 했어야지! 그냥 개똥이라고 하니까 나 말인가 했잖아."

 나는 괜히 호사에게 신경질을 부리며 흙에 신발을 문질렀습니다. 이 신발로 말할 것 같으면, 엄마에게 몇 달을 조르고 졸라 어렵게 얻은 메이커 축구화라는 거 아닙니까. 그냥 운동화를 신고 공을 차는 것과는 차원이 다르거든요. 축구 선수처럼 폼 나는 게 여간 맘에 드는 게 아니었는데……. 새로 신은 지 삼 일도 안 되어 개똥 범벅이 되다니요! 밑창의 오목오목 들어간 사이로 개똥이 죄 끼어서 이걸 어떻게 닦아요. 그래서 더 호사에게 괜한 원망을 했던 거죠.

 "내가 왜 너를 개똥이라고 했겠어. 하여튼 어떤 놈의 개인지 잡히면 혼쭐을 내 주자. 이 똥을 국립 과학 수사 연구소로 보낼까?
범인, 아니지, 범견을 잡으려면 말이야."

호사의 말에 어이없는 웃음이 피식 나왔습니다.

"으이그, 됐네. 어떻게 닦아 봐야지 뭐. 엄마가 다시 사 주는 일
은 절대 없을 테니."

흙에 박박 문지르고 낙엽에 닦고, 번갈아 하다 보니 개똥도 좀
떨어진 것 같았습니다. 호사가 그런 나를 보고 한마디 했습니다.

"너는 개똥이라고 놀리면 아직도 화가 나니? 아까 얘기했잖아.
실제적 사물을 부르는 말이 이름이라고. 그러니 개똥은 개의 똥이
고, 너는 팽개동이잖아. 네가 개똥인 것도 아닌데 뭐. 그렇게 생각
하면 괜찮지 않을까?"

"또 공손룡 복습이냐? 그래 알았다, 알았어, 변호사 님."

얘기하며 걷다 보니 곧 사거리에 다다랐지요. 우리는 손을 흔들
고 각자 집으로 헤어졌습니다.

공손룡은 누구인가?

공손룡(기원전 320년~250년)은 조나라 사람인데 기록이 따로 전해지지 않아서 그의 일생과 업적에 대해 상세히 알 길은 없어요. 다만 여러 책에 전하는 일화를 통하여 공손룡의 생애와 활동을 추측할 수 있을 뿐이죠.

공손룡은 처음에 조나라의 공자 평원군 아래에서 식객 노릇을 했어요. 그런데 평원군은 공손룡의 말재주를 대단히 좋아하여 예를 갖추고 잘 대접했지요. 그런데 어느 날 제나라 추연이 조나라에 왔습니다. 그때 평원군이 공손룡에 대한 평을 부탁하자, 추연은 사양하는 기색 없이 이렇게 비판하였다고 하네요.

"공손룡은 사실 예로써 받들어 줄 하등의 가치도 없습니다. 정말 가치 있는 변론이란 반드시 몇 개 원칙을 파악하여야 합니다. 즉 제일 먼저 명칭의 뜻을 분명히 하여 잘못 사용해서는 안 되며, 둘째로는

만물의 같음과 다름을 구별하여 혼란시키지 말아야 합니다. 마지막
으로 진리를 밝혀서 다른 사람들이 들으면 두 번 다시 미혹되지 않아
야 합니다. 그렇지 않으면 단지 예리한 말재주에만 의지해서 사실을
왜곡하게 됩니다."

평원군은 추연의 비평을 듣고서 공손룡이 비록 말은 잘하지만 궤변
이었음을 깨닫고 다시는 공손룡을 예로서 대하지 않았다고 합니다.
그러나 당시 공손룡은 그런 비난에는 조금도 아랑곳하지 않고 활동
하면서 유명해졌어요.

공손룡은 또한 위나라에 가서 위나라 왕의 주변에서 활동했어요. 한
번은 위왕과 함께 사냥을 갔을 때입니다. 마침 한 무리의 흰 기러기
떼를 만나자 위왕이 수레에서 내려 활을 쏘려고 했어요. 이때 마침
길을 지나는 이가 있어서 위왕이 멈추라고 했는데, 그 사람이 멈추지
않고 지나가는 바람에 기러기 떼가 놀라 흩어지게 되었어요. 위왕이
크게 노하여 그 사람을 죽이고자 했어요. 공손룡이 수레에서 내려서
위왕의 화살을 잡고서 말하기를, "군주여! 아니되옵니다. 지금 군주
께서 기러기 떼가 달아나서 사냥을 하지 못했다는 이유로 사람을 쏘

아 죽인다면 이것은 호랑이나 이리와 다를 바가 없는 것입니다." 위왕은 이 말을 듣고서 다정하게 공손룡의 손을 잡고 수레에 올랐어요. 궁궐에 돌아온 위왕은 만세를 부르며, "다행이다. 오늘 다른 사람들은 사냥에서 금수를 얻었고, 나는 사냥에서 좋은 말을 듣고 돌아왔다."고 했어요.

〈여씨춘추〉에 의하면, 공손룡은 조나라 혜문왕에게 군대를 줄이자고 주장하였다고 해요. 당시 진나라와 조나라는 "진이 하고자 하는 일은 조가 돕고, 조가 하고자 하는 일은 진이 돕는다."는 내용의 조약을 체결했어요. 얼마 후 진나라가 위나라를 공격하려고 하자 조나라는 평소 가까웠던 위나라를 도우려고 했어요. 이에 진나라가 조나라에 사신을 보내어 조약을 거스르는 일이라고 따지자, 조나라의 평원군이 공손룡에게 도움을 청했습니다. 이에 공손룡은 "지금 조나라에서 위나라를 도우려고 하는데, 진나라가 돕지 않는 것이 오히려 조약에 위배되는 것이다.' 라고 대답했다고 해요.

이것은 실상 공손룡의 궤변이기도 하지만 먼저 조약의 당사자인 진나라와 조나라가 구체적인 상황을 명확하게 제시하지 못했기 때문에

생긴 잘못이기도 했어요. 물론 공손룡은 혜시와 마찬가지로 당시 외교 정책을 자문하던 입장이었으므로, 조나라의 이익을 위하는 것이 당연했어요. 만일 공손룡이 진나라의 관리였다면 상황은 반대로 되었을 거예요.

공손룡은 궤변적인 성격이 있는 것도 적지 않지만, 그렇다고 해서 그를 단순히 궤변가로 보는 것은 문제가 있어요. 앞에서 본 일화를 살펴보면 공손룡은 당시 귀족들에 대해 직설적인 말을 서슴지 않았던 지식인이었음을 알 수 있어요.

흰 말은 말이 아니다

馬者, 所以命形也. 白者, 所以命色也. 命色者非名形也. 故曰, 白馬非馬. (말이라는 것은 형태를 칭하는 것이고, 희다는 것은 색깔을 칭하는 것이다. 색깔을 칭하는 것은 형태를 칭하는 것이 아니다. 따라서 흰 말은 말이 아니다.)

－《공손룡자(公孫龍子)》

1 너 줄 거 아냐!

"개동아, 이거 받아 줄래?"

예빈이가 나한테 반지를 하나 내밀며 말합니다. 이게 웬일일 까요?

"사실은 나…… 너 좋아하는데…….

아니, 예빈이가 나를 좋아하고 있었다니! 상상도 못했던 일이지 뭐예요. 나는 가슴이 두근거려 얼른 대답도 나오지 않았어요. 나 야말로 예빈이를 전부터 좋아하고 있었지만 말도 제대로 걸지 못

했거든요. 원래 좋아하는 사람한테는 얘기도 잘 못하는 것인가 봐요. 생각으로는 더 친하게 지내고 싶은데 막상 예빈이 앞에만 가면 머릿속이 하얘져서 입도 벙긋 못하겠더라고요.

"나도 저…… 그러니까…… 그게……."

말더듬이처럼 더듬더듬하며 예빈이에게 다가가려는 순간, 나는 뭔가에 발이 걸려 '쿵!' 하고 넘어지고 말았습니다.

"아이쿠, 엉덩이야!"

예빈이 앞에서 우스운 꼴을 보인 것이 창피해서 막 일어나려는데 순간 눈이 번쩍 떠지는 것이었어요. 아, 꿈이었나 봐요.

나는 침대에서 떨어져 바닥에 넘어져 있었습니다. 그럼 그렇지, 예빈이가 나한테 그럴 리가 있겠어요. 얼마나 콧대 높은 여자아이인데요. 예빈이가 나온 건 순 엉터리 꿈이지만 엉덩이 아픈 건 진짜지 뭐예요. 에고, 엉덩이야.

"네가 웬일이니? 깨우기도 전에 일어나고 말이야. 개동이 갑자기 철들었나?"

침대에서 떨어진 덕분에 일찍 일어나 세수하는 모습을 본 엄마가 말했습니다. 하긴 엄마가 놀랄 만도 하죠. 일요일 아침이 아니고는 절대 혼자 일어나는 적이 없거든요, 히히.

"이제 6학년도 되는데 자기 일은 스스로 해야죠."

"어머머, 어제는 운동화도 혼자 빨아 널더니, 정말 우리 개동이가 철들었나 보네? 갑자기 안 하던 짓을 하고 말이야. 계속 그럴지 어떨지는 모르지만."

맞아요. 어제 그 개똥 묻은 축구화를 빠느라고 얼마나 힘들었는데요. 고무장갑도 없어서 맨손으로 그걸 빨았다는 거 아닙니까. 휴, 아직도 손에서 개똥 냄새가 나는 것 같아요. 웩!

어제는 개똥에 오늘은 개꿈까지. 내 이름을 개동이라고 지으니까 개에 관련된 일만 생기는 거 아니겠어요? 정말이지 얼른 어른이 되어서 개명 신청을 해야겠다니까요. 하지만 오늘은 개똥, 개꿈 덕분에 엄마에게 좋은 소리를 들었네요. 철 들었다고 칭찬도 받고. 개똥이나 개꿈이 뭐 꼭 나쁜 것만은 아니에요. 킥킥킥.

"엄마, 저 돈 좀 주세요."

엄마의 기분이 좋아 보이는 틈을 이용해 얼른 말했습니다. 엄마한테 돈 받아 내는 일은 내가 시험을 90점 받는 것보다 더 어려운 일이에요. 필요한 준비물은 엄마가 다 사다 주고, 다른 데에 쓰고 싶은 돈은 절대 안 주신다니까요. 엄마는 애들이 돈 쓸 데가 어디 있냐고 하시지만 그건 정말 모르는 말씀! 사나이들의 세계에는 어른들이 모르는 무언가가 있다고요. 비자금도 필요하고요.

오늘 같은 날이 특히 그래요. 빼빼로 데이인데 좋아하는 친구들에게 빼빼로 과자 정도는 선물하는 센스가 있어야 하지 않겠어요? 예빈이에게도 줘야하고…….

"그래? 음, 좋아. 오늘은 자기 할일도 잘하고 혼자 일어나기까지 했으니 특별히 주지. 이건 앞으로도 계속 잘하라는 뜻이야. 알지?"

얏호! 이것 봐요. 우리 엄마는 기분파입니다. 그래서 기분이 어떤지 눈치만 잘 살피면 못 얻는 게 없다니까요.

개똥 밟은 덕분에 용돈까지 얻고, 이거 괜찮은 수확인데요? 이런 걸 전화위복이라고 하나?(오, 어려운 한자!)

나는 내가 가진 옷 중에서 제일 근사한 걸로 골라 입었습니다. 아빠 양복 같이 생긴 재킷에 검정색 바지를 입었는데 내가 봐도 제법 폼이 나는 것 같았습니다. 여기에 넥타이도 하면 멋질 텐데……. 아빠 것이라도 해 볼까 하다가 그만두었습니다. 아무래도 그건 너무 오버지요?

"아이고, 애가 온갖 멋을 다 부렸네. 오늘 무슨 날이니? 돈까지 얻어가더니……. 그거 너 여자한테 쓰려고 그러는 거지?"

머리에 왁스까지 발라서 뒤로 빗어 넘긴 내 모습을 보며 엄마가 말했습니다.

"엄마 어때요? 스타 같지 않아요? 엄마, 사인 해 줄까?"

역시 눈치 100단 우리 엄마는 당할 수가 없어요. 엄마에게 다 들키는 게 싫어서 나는 얼른 딴청을 부렸지요. 어쨌거나 원하는 건 다 준비가 되었으니까요.

나는 신 나서 집을 나왔습니다. 신주머니를 흔들면서 노래까지 흥얼거려졌지요. 가게의 윈도우에 비쳐진 내 모습을 보니 내가 봐도 엄청 멋지지 뭐예요. 이 정도면 예빈이 앞에 서도 괜찮을 것 같아요. 이제 엄마한테 받은 돈으로 빼빼로를 사다가 예빈이에게 전해 주면……. <u>호호호.</u> 예빈이도 오늘 아침 꿈처럼 나한테 고백을 할 지도……. 음홧홧홧!

교실에 가니 난리법석이 났습니다. 암튼 우리 반은 선생님만 안 계시면 시장통이라니까요. 아니, 시장도 이렇게 시끄럽진 않을 거예요. 평소의 나라면 이 난리 치는 애들 중의 한 명이었겠지만 오늘은 아니랍니다. 멋지게 차려입고 예빈이에게 선물을 주는 중요한 날인데, 애들처럼 장난치고 떠들어선 곤란하죠.

"야, 팽개동, 너 어디 나가냐? 꼴이 그게 뭐야? 머리에 끈적거리는 그건 또 뭐고?"

쳇! 멋을 알 리가 없는 호사 녀석이죠.

"왜? 너무 멋져서 눈이 부시냐? 샘 나냐?"

내 말에 호사가 어이없다는 듯 비웃었습니다.

"기름통에 빠졌다 나온 생쥐 같다. 뭘 발랐기에 이렇게 기름이 줄줄 흐르냐? 완전 느끼남이다."

"자식, 촌스럽기는. 스타일의 완성은 헤어왁스에서 이루어지는 법이야. 너도 빌려 줄까?"

"됐네. 너나 많이 완성하셔."

그러더니 호사는 별 관심이 없어졌는지 자기 자리로 가려고 일어났습니다.

"어! 그런데 이건 뭐냐?"

내가 책을 꺼내려고 가방을 열자 그 안에 들어 있던 빼빼로 과자들이 호사의 눈에 번쩍 띄었던 것입니다. 호사가 이걸 그냥 넘길 리 없죠. 호사 녀석은 몸도 작으면서 먹는 건 엄청 좋아하거든요. 급식 시간에도 두 번 받는 건 기본이고요, 맛있는 것이 나올 땐 네 번까지 더 먹으려고 나간답니다. 그렇게 많이 먹는데도 살이 안 찐다니 참 신기한 일입니다.

그런 호사 녀석이니 내 가방에 알록달록 보였던 과자를 놓치지 않았던 거죠. 하지만 뭘 먹고 싶은 거야 호사 마음이고, 내가 주고 싶은 사람은 따로 있는 걸요.

"으응, 이거……."

　예빈이를 줄 거라고 말하려다가 나는 순간 머뭇거렸습니다. 호사의 입이 방송국인 건 다 아는 사실. 예빈이에게 줄 거란 걸 알면 학교 애들에게 소문내고 다니지 않겠어요? 아마 엄마 귀에까지 들어갈지 몰라요. 호사 녀석이 자기 엄마한테 말하고, 그럼 호사 엄마와 친한 우리 엄마한테도 전해질 테고, 온 동네 아줌마들에게도 다 소문나겠지요. 엄마들은 누가 누구를 좋아한다는 사실들에 왜 그리 관심이 많은지 모르겠어요. 애들끼리 그러는 것을 엄마는 스타의 열애설처럼 아주 재미있어 한다니까요. 언젠가는 내가 모르는 것까지 엄마가 먼저 알아서 물어온 일도 있었어요. 누구랑 누가 커플이냐고 말이에요.

"나 줄려고?"

　호사가 눈을 반짝 빛내며 물었습니다. 이거 참 야단이네요. 기껏 맘먹고 예빈이를 위해 준비한 건데, 이걸 호사 녀석 입으로 다 들어가게 할 수도 없고, 사실대로 말하자니 전국에 소문이 퍼질 테고…… 예빈이에게 거절당할 것도 걱정인데 소문까지 나면 창피해서 어떡해요. 그리고 원래 사랑은 감춰져 있을 때 아름다운 법이라고요. 예빈이와 나, 우리 둘만의 일로 하고 싶은데……. 그래서 수업 끝나고 몰래 주려고 했던 건데.

"그게, 그러니까……. 아, 랑이 주려고. 걔가 혼자 집에 있으려면 얼마나 심심하겠어. 빼빼로 데이인데 빼빼로 하나 못 먹으면 섭섭하지 않겠어?"

뭐라고 할까 말을 머뭇거리다가 퍼뜩 랑이 생각이 나는 거예요. 역시 나는 말 둘러대는 데는 선수라고요. 히히.

"그래? 난 그런 생각도 못 했네. 아주 골고루도 사 왔네. 아몬드 맛, 딸기 맛, 누드 빼빼로……. 햐, 맛있겠다. 여기 나 줄 건 없냐?"

"이거 네 거 아니거든! 이 빼빼로 먹을 생각 하지 마."

그러면서 나는 가방을 얼른 책상 고리에 걸었습니다. 먹을 것에 눈독 들이는 호사 녀석을 얼른 따돌려야겠어요.

"너 수학 숙제 다 했어? 그럼 나 좀 보여 줘. 한 문제 못 푼 게 있어서."

"뭐가 어려웠는데? 내가 가르쳐 줄까?"

호사의 관심을 딴 데로 돌리는 데는 아는 거 물어보는 게 최고입니다. 아는 거 잘난 체 하고 싶은 성격이니 얼마나 입이 근질거리 겠어요.

호사의 눈을 빼빼로에서 겨우 떼어 놓고 수업이 시작됐습니다. 금방 호사에게 설명을 들었어도 수학은 어려워요. 흑흑. 시험지를 받는 순간 1번 문제부터 끝까지 쉬운 게 하나도 없더라고요. 아, 이 시험지를 엄마에게 보여 주면 몇 분짜리 잔소리가 시작될까요. 죽 그어진 채점 표시를 보면서 비가 주룩주룩 내린다느니, 맞은 걸 세는 게 더 빠르겠다느니, 호사는 저렇게 공부를 잘 하는데, 하면서 한참 말씀하시겠죠.

엄마가 호사랑 나를 비교할 때 제일 싫어요. 호사는 호사고, 나는 나인데. 공손룡인가 누구도 그랬다잖아요. 사물의 실체가 이름이라고. 그럼 나와 호사는 다를 수밖에 없지 않겠어요? 점수가 쓰여진 시험지를 보고는 괜히 호사 녀석이 얄미워졌습니다. 나보다 못한 친구랑 놀았다면 내가 더 칭찬 받을 텐데 말이죠. 에이, 화장실에나 다녀와야겠어요. 나는 그리 급하지도 않았지만 그냥 앉아 있기 싫어서 화장실로 갔습니다. 화장실 거울에 내 얼굴을 들여다 보니 아까는 멋있어 보이던 내 얼굴이 못생겨 보였습니다. 나도 호사처럼 공부도 잘하면 얼마나 좋을까요? 그러면 예빈이한테도

당당하게 빼빼로를 줄 수 있을 텐데. 아니, 마음먹은 김에 커플링 반지도 전해 줄 수 있을 거예요. 저번에 순신이도 미나에게 커플링 반지를 줘서 미나가 받아 주었거든요. 좀 있으면 백일 파티도 한다고 들뜬 순신이를 보면 부럽기도 하고, 나도 예빈이랑 그랬으면 좋겠다는 생각도 들고요.

　화장실에서 나는 그냥 손만 씻고 나왔습니다. 애들 사이에 줄 서서 소변보기도 싫어져서 말입니다.

2 내 빼빼로 내 놔

교실로 들어가 다음 시간 책을 꺼내려고 가방을 여는 순간, 나는 깜짝 놀라고 말았어요. 글쎄, 가방에 잘 넣어 두었던 아몬드 빼빼로 하나가 감쪽같이 없어졌지 뭐예요! 어디 떨어졌나 주변을 살펴 봐도 보이지 않았습니다. 뭔가 이상한 생각이 들어 호사 쪽을 봤더니 그 녀석이 내 아몬드 빼빼로를 신나게 먹고 있는 게 아니겠어요? 순간 나는 너무나 화가 났습니다. 분명히 이건 예빈이, 아니지, 랑이 주려고(호사에게는 그렇게 말해 놨으니까요.) 챙겨 놓은 건데 남의 걸 맘대로 가져가 먹다니요!

"너, 내가 말했잖아. 내 빼빼로 먹지 말라고! 나도 참고 안 먹고 있던 건데."

"이건 빼빼로가 아니라 아몬드 빼빼로잖아. 그러니까 나는 네 말을 어긴 게 아니야."

호사가 대수롭지 않게 대답했습니다. 이 호사 녀석, 말 같지도 않은 말을 하고 있지 뭐예요. 나는 더 화가 치밀었습니다.

"무슨 소리야! 빼빼로가 다 빼빼로지, 네가 먹고 있는 게 그럼 빼빼로가 아니냐?"

"물론 아니지. 빼빼로와 아몬드 빼빼로, 딸기맛 빼빼로는 모두 다 다르다고."

"얼씨구! 잘못한 걸 인정할 생각도 안 하고, 무슨 헛소리야."

호사는 계속 이상한 소리만 하면서 나를 약 오르게 했습니다. 가끔 호사가 이럴 땐 주먹으로 한 대 쥐어박고 싶어진다니까요.

"공손룡도 그렇게 얘기 했다고. 흰 말은 말이 아니다, 라고. 그러니까 아몬드 빼빼로는 빼빼로가 아니지."

"공손룡인지 뭔지 잘 안다고 또 잘난 체 하기냐? 지금 흰 말이고 검은 말이고 그게 나랑 무슨 상관이야? 내 빼빼로 먹은 거나 어서 물어 내!"

어제도 공손룡 타령하더니 그런 얘기나 하고, 암튼 호사 녀석 이럴 땐 정말 맘에 안 들어요.

"그래, 내가 먹은 아몬드 빼빼로는 다시 사 줄게. 너무 먹고 싶어서 하나 그냥 가져왔다. 미안해. 응?"

내가 너무 씩씩대서 그랬는지 호사가 순순히 미안하다고 하네요. 까짓 과자 하나 가지고 이렇게 씩씩거리는 것이 좀 창피한 것 같아 나도 그만 화를 눌렀습니다. 그렇지만 허락 없이 먹은 건 호사의 잘못이긴 하잖아요?

"내가 아몬드 빼빼로는 빼빼로가 아니라고 했던 건 공손룡의 '백마비마론'을 인용한 얘기였어. 개동이 널 놀리려고 그런 게 아니라."

"백마비마론? 그게 뭔데?"

언제 왔는지 순신이가 우리 옆에 서 있었네요. 하긴 내 목소리가 좀 크긴 했겠죠. 나는 화가 나면 목청이 엄청 커져서 엄마가 '울부짖는 사자' 같다고 하거든요.

"한문 그대로 '흰 말은 말이 아니다.'는 주장이야. 그런데 이게 말장난 같은 얘기가 아니라 명칭과 개념에 대한 논리적인 의미가 있거든."

지적 호기심이 발동했는지 순신이가 바짝 다가앉으며 물었습니다. 난 뭐 그렇게까지 알고 싶진 않았지만요.

"사람들이 책상이라고 부를 때 책상이라는 개념이 있잖아. 책상이라는 이름에 떠오르는 생각 말이야. 그래서 어제 랑이네 집에서 그런 얘기를 했지. 이름은 각각의 실체를 가지고 있다고 말이야. 개념과 이름은 서로 떼어 놓을 수 없는 거지. 이렇게 개념과 명칭의 관계에 주목하고 언어 분석과 이름 바로 세우기, 즉 정명을 통해서 사회를 안정시키고자 한 것이 공손룡의 뜻이었어."

3 빼빼로와 아몬드 빼빼로가 다르다고?

"그런데 왜 흰 말이 말이 아니란 거야?"

내가 퉁명스럽게 물었습니다. 호사에게 여러 가지로 밀리는 기분이 들어서 말이에요. 아는 것도 많고, 공부도 잘하고, 그래서 친구들에게 둘러싸여 많은 얘기를 해 주는 게 시샘이 나기도 했거든요. 지금도 내 빼빼로를 먹어 놓고 나를 가르치려고 하잖아요.

"응, 공손룡이 말한 백마비마론의 본래 의도는 유개념과 종개념을 구분하는 거였어. 예를 들면 우리는 '오렌지'와 '딸기'의 명칭을 구분하면서도 '과일'이라는 명칭으로 포괄해서 쓸 때가 있잖아. 여기서 '과일'은 유개념이라고 하고, '오렌지'와 '딸기'는 종개념이 되는 거지. 또 다른 예로 '사자'와 '호랑이'라는 명칭을 구분하면서 '짐승'이라고 쓸 때가 있어. 여기서 '짐승'은 유개념이고 '사자'와 '호랑이'는 종개념이 되는 거지."

내가 퉁명스럽게 말하는지 어쩐지는 호사에게 중요한 일이 아닌가 봐요. 가르쳐 주는 거 좋아하는 호사는 신이 나서 말했습니다.

"그럼 더 위에 있고 아래에 있고 그런 거겠네? 사람이나 짐승, 이런 게 위에 있는 개념 아니야?"

순신이가 골똘히 생각에 잠겨 말했습니다. 까불대는 순신이지만 이렇게 가끔은 아주 진지해 보일 때가 있다니까요. 호사와 둘이 아주 죽이 잘 맞네요. 흥!

"맞아, 네 말대로 유개념은 상위 개념이고 종개념은 하위 개념이지. 따라서 '오렌지'와 '딸기'는 모두 '과일'에 포괄되므로 '오렌지는 과일이다.', '딸기는 과일이다.'라고 하는 것이 당연한 일이야. 하지만 경우에 따라서 '오렌지'와 '과일', '딸기'와 '과일'이라는 명칭을 구분해야 할 때가 있어. 예컨대 '저기 과일이 있다.' 라고 하는 것과 '저기 오렌지(딸기)가 있다.' 라는 표현은 다른 거거든."

"그렇지, 다르지. '5학년 4반에 애들이 있다.' 는 말과 '5학년 4반에 팽개동이 있다.' 는 말은 당연히 다르니까."

나도 모르게 호사의 말에 빠져 들어서 그만 맞장구를 치고 말았습니다. 암튼 호사는 귀를 솔깃하게 하는 말재주를 가졌다니까요. 괜히 변호사님이겠어요.

"바로 그거야. 그래서 공손룡이 말한 '흰 말은 말이 아니다.' 라는 의도는 결국 유개념과 종개념을 구분해야 한다는 것이지. 즉 '흰 말' 은 '검은 말' 등과 함께 '말' 에 포함되기는 해. 하지만 경우에 따라서는 '흰 말' 과 '말', '검은 말' 을 구분해야 한다는 거야. 예를 들어 마구간에 말들이 많이 묶여 있을 때 '흰 말(검은 말)을 타고 싶다.' 고 하는 것과 그냥 '말을 타고 싶다.' 고 하는 표현은 다른 것이 되니까 말이야. 공손룡의 '백마비마론' 은 결국 흰 말은 말과 다르다, 구분된다,는 표현으로 이해해야 하는 거지."

호사의 말을 듣고 보니 그 뜻을 알 것 같았습니다. '흰 말과 말을 구분해야 정확한 의미가 된다.' 그런 거 아니겠어요?

"흰 말이 왜 말이 아니냐면~ '말'은 어떤 형체를 가리키는 것이잖아. 그런데 '희다'는 것은 빛깔을 가리키는 것이잖아. '백마'는 뭐겠니? '말'이란 형체 위에 '흰' 색깔을 더한 거잖아. 그러니까 원래 형체와 다르다는 거야. 만일 어떤 사람이 말을 원한다면 누런 말, 검은 말 등 여러 종류의 말을 가져다 줄 수 있지만, 그 사람이 흰 말을 원한다면 누런 말이나 검은 말을 줄 수 없다는 거지. 그러므로 백마는 말이 아니야. 논리적으로 본다면 부분은 전체와 같지 않음을 뜻한다 할 수 있지."

하여간 호사는 논리적인 걸 참 좋아하지요. 또 논리 타령이라니까요. 그렇지만 얘기를 듣다 보니 공손룡의 말이 논리적이긴 한 것 같았습니다. 틀린 말은 없지 않나요?

"빼빼로도 그래. 너는 빼빼로를 먹지 말라고 했지, 아몬드 빼빼로를 먹지 말라고 한 건 아니잖아. 아몬드 빼빼로는 빼빼로와 달라. 형체는 같지만 겉에 아몬드를 붙여서 원래의 형체와 달라졌잖아. 나는 절대 빼빼로를 먹은 게 아니야. 그러므로 너의 말을 어긴 것도 아니고. 안 그래?"

긴 이야기 끝에 호사가 또 그 얘기를 덧붙였습니다. 호사의 얘기를 들으면 논리적으로는 맞는 것 같은데 왠지 이상했습니다.

"듣고 보니 그러네. 너희 둘이 티격태격 하기에 무슨 큰 소란인가 했더니 빼빼로 먹은 것 때문에 그런 거였어? 호사 말대로 호사는 아몬드 맛을 먹었으니 빼빼로를 먹은 건 아니잖아."

순신이가 판사처럼 위엄 있는 목소리로 말했습니다. 솔로몬의 재판도 아니고 과자 하나 가지고 말이지요.

"그렇지. 어때, 개동아. 내 말이 맞지?"

순신이가 편을 들어주자 더 의기양양해진 호사가 으쓱하며 나를 쳐다봤습니다. 더 이상 따지는 것도 그렇고, 흰 말은 말이 아니라고 하는 얘기로 봐도 그렇고, 호사를 탓하면 안 될 것 같았습니다. 듣고 보면 틀린 말은 아니니까요.

"그래. 그래도 너 내일 빼빼로 두 개 사오기야. 아니지, 아.몬.드. 빼.빼.로! 두 개 말이야. 이름을 확실히 얘기 안하면 내일 또 딴소리 할지 모르니까."

나는 이름까지 정확하게 짚어 말하며 내 자리로 갔습니다. 호사 녀석의 논리 앞에는 두 손 두 발 다 든다니까요.

그렇지만…… 아몬드 빼빼로도 빼빼로 아닌가요? 뭔가 속은 기분이야!

철학 돋보기

백마비마론

공손룡의 가장 유명한 이론인 백마론을 정확히 얘기하면 '백마비마론(白馬非馬論)'입니다. '백마비마론'은 "흰 말은 말이 아니다."라는 뜻이에요. 기록에 의하면 공손룡이 흰 말을 타고 관문을 지날 때 "흰 말은 말이 아니다."라는 논리를 내세워 말에게 물리는 세금을 내지 않았다고 합니다. 또 다른 설에 의하면, 문지기가 그 말을 들었지만 공손룡의 억지를 뿌리치고 세금을 거두었다고 해요. 아무튼 그가 백마비마론으로 유명했다는 것은 사실이었던 것 같네요.

그런데 이것은 상식적으로 보면 궤변이라고 하지 않을 수 없어요. 마치 "흑인은 사람이 아니다."라는 논리와 마찬가지이기 때문이죠. 그러나 논리적인 공손룡이 쓸데없이 궤변을 늘어놓을 리 없기 때문에 분석해 볼 필요가 있답니다. 자, 그럼 지금부터 공손룡의 '백마비마론'에 대해 좀 더 깊이 알아 볼까요?

백마비마론의 진실

여러분, 사람은 생각하는 동물이라고 하죠? 맞아요. 우리는 무의식이든 의식적이든 늘 생각하며 살아요. 우리가 생각할 때 사용하는 기준이 곧 '개념'이에요. 이러한 개념을 우리가 말로 표현할 때 명칭이라고 하고, 글로 표현할 때 명사라고 부르죠. 명칭이든 명사든 모두 이름이고, 그것은 어떤 특정 사물을 가리킨다는 점에서 보면 개념과 같은 것이에요. 예컨대 '책상'을 생각한다면 그것은 개념이고, 그것을 말이나 글로 표현할 때 명칭(이름)이라고 하는 것이죠. 따라서 개념과 이름(명칭)은 서로 떼어 놓을 수 없죠. 이렇게 개념과 명칭의 관계를 연구하고 언어 분석과 정명을 통하여 사회를 안정시키고자 노력한 사람들이 있었어요. 바로 제자백가 중 하나인 명가입니다.

명가학파의 대표자인 공손룡의 백마비마론은 유개념과 종개념을 구분하고 있답니다. 유개념과 종개념이 뭐냐고요? 예를 들어 볼게요. 우리는 '남자'와 '여자'의 명칭을 구분하면서도 모두 '사람'이라고 쓸 때가 있죠? 여기서 '사람'이라는 명칭은 유개념이라고 하고, '남자'와 '여자'는 종개념이라고 해요. 또 다른 예로 '사자'와 '호랑이'

이라는 명칭을 구분하면서도 '짐승'이라는 명칭으로 포괄해서 쓸 때가 있어요. 여기서 '짐승'이라는 명칭은 유개념이고 '사자'와 '호랑이'는 종개념이 되는 거죠.

　이렇게 보면 유개념은 상위개념이고, 종개념은 하위개념이 돼요. 따라서 '남자'와 '여자'는 모두 '사람'에 포괄되므로 '남자는 사람이다.', '여자는 사람이다.'라고 하는 것이 당연한 일이지만, 경우에 따라서는 '남자'와 '사람', '여자'와 '사람'이라는 명칭을 구분해야 할 때가 있어요. 예컨대 '저기 사람이 있다'고 하는 것과 '저기 남자(여자)가 있다'라는 표현은 달라요.

　공손룡의 "흰 말은 말이 아니다."라고 말한 의도도 결국 유개념과 종개념을 구분해야 한다는 것에서 나온 거예요. 결국 공손룡의 '흰 말은 말이 아니다.'라는 것은 "흰 말은 말과 다르다(구분된다)."는 표현으로 이해할 수 있어요.

　공손룡의 논증 방식에 따르면, 말은 일종의 형체를 가리키는 것이고, 희다(백)는 일종의 빛깔을 가리키는 것인데, 백마는 형체 위에 빛깔을 가한 것이기 때문에 원래의 형체와 다르다는 것입니다. 만일 어

떤 사람이 말을 원한다면 다른 사람은 그에게 누런 말, 검은 말 등 여러 종류의 말을 가져다 줄 수 있습니다. 하지만 그 사람이 흰 말을 원한다면 누런 말이나 검은 말을 줄 수 없다는 것이죠. 그러므로 백마는 말이 아니라는 것입니다. 논리적으로 본다면 공손룡의 주장은 '부분은 전체와 같지 않다.'는 것을 뜻해요.

3

단단한 돌, 하얀 돌

 "볼 때는 단단한 것이 보이는 것이 아니고 흰 것이 보이며, 만질 때는 흰 것이 만져지는 것이 아니고 단단한 것이 만져진다."

– 〈견백론(堅白論)〉

1 호사네 집으로

결국에는 예빈이에게 빼빼로 하나 주지 못하고 수업이 끝나고 말았습니다. 아침부터 엄마에게 칭찬을 듣고 돈까지 얻어 준비했건만, 내 계획은 물거품이 되고 말았지요. 공들여 세운 머리도 내 기분처럼 축 쳐져 버렸습니다. 차라리 잘 된 일인지도 몰라요. 글쎄 예빈이의 책상에 빼빼로가 얼마나 쌓였는지 그 애는 그걸 다 먹지도 못할 거예요. 내 경쟁자가 그렇게나 많은 것에도 놀랐다니까요. 언뜻 보아도 스무 개는 넘는 것 같았습니다. 다른 반 남자애들도 와서 전해 주고 갔으니까 내가 내민 빼빼로 두 개는 초라하게 그 속에 묻히고 말았겠지요.

어떤 건 내 팔 길이만큼 큰 것도 있었고 포장도 엄청 화려해 보이는 빼빼로도 있었습니다. 호사에게 화를 내면서까지 꽁꽁 감춰 두었던 내 선물은 가방 밖으로 나와 보지도 못한 채 그대로 남겨졌습니다. 예빈이는 빼빼로를 받을 때마다 선물한 남자애들에게 웃어줬어요. 하지만 나는 그 많은 애들 중의 한 명이 되긴 싫단 말이에요. 에잇, 그 놈의 개꿈이 문제였지 뭐예요. 개꿈만 꾸지 않았다면 아침에 그렇게 준비해서 오지도 않았을 거라고요. 괜한 내 아몬드 빼빼로만 호사 뱃속으로 들어가고⋯⋯. 나머지는 나 혼자 실컷 먹어야겠어요.

"개동아, 우리 집에 가서 영화 보지 않을래? 오늘 엄마도 외출하고 나 혼자 있거든. 그런데 어제 우리 아빠가 트랜스포머 DVD를 사 오셨다는 거 아니냐. 그거 같이 보자. 응?"

축 쳐져 집에 가려는데 호사가 붙잡았습니다. 옆에 순신이도 같이 서 있었죠.

"호사네 홈 시어터 진짜진짜 좋아. 전에 가서 한 번 본 적 있는데 진짜 영화관에서 보는 것 같더라. 난 트랜스포머 봤지만 또 봐도 괜찮아. 얼마나 재밌는데."

순신이는 벌써 들떠서 나를 잡아끌었습니다.

"기분도 그런데 같이 가서 영화나 볼까?"

나는 못 이기는 척, 두 친구를 따라갔습니다.

"영화 보면서 우리 피자도 시켜 먹자. 엄마가 친구들하고 사 먹으라고 돈도 주고 가셨거든. 오늘 모임이 있어서 늦으신다니까 맘껏 놀아도 돼."

"햐, 진짜? 앗싸! 신난다!"

순신이가 더 난리였습니다. 피자까지! 나도 속으로 무척 좋아했지요.

"난 아직 그 영화 못 봤는데. 좋아, 같이 가자."

아까의 기분은 사라지고 우리들은 흥이 나서 호사네 집으로 향했습니다.

2 저 돌은 진짜일까

　우리는 피자 한 판을 앞에 두고 커튼까지 치고서 영화에 집중했지요. 어른들이 없는 집에서 이렇게 노는 게 얼마나 재미있는데요. 엄마는 떼어 놓고 다니고 싶을 때는 귀찮게 꽁무니를 따라 다니더니 이제는 다 컸다고 혼자 있으려고 하냐고 섭섭해 하더라고요. 나도 3학년 때까지는 엄마 가는 데마다 따라 다녔지만 이제는 엄마가 가자고 해도 거절해요. 이만큼 커서 창피하게 엄마랑 다니겠어요? 아무도 없는 집에서 혼자 라면 끓여 먹고 노는 기분이란!

세상의 자유를 다 얻은 것처럼 행복해지거든요. 오늘처럼 친구들과 모여서 노는 건 더 좋고 말이에요.

치즈가 죽죽 늘어지는 피자, 그리고 재미있는 영화, 입과 눈이 즐겁다는 건 이런 걸 두고 하는 얘기겠죠?

언제 끝난 줄도 모르게 영화는 끝이 나고 탁자의 피자도 종이 상자만 남았습니다. 세 명이 뚝딱 한 판을 다 비웠지 뭐예요. 나는 두 조각만 먹었던 것 같은데…….

"야, 진짜 재밌다. 로봇들 싸우는 장면 끝내주는데?"

"그렇지? 진짜 재밌지?"

내가 한마디 하자 순신이 기다리지도 않고 대답했습니다. 본 적 있다는 녀석이 도리어 우리보다 더 처음인 것처럼 신기해하면서 보더라고요.

"저것 봐. 디셉티콘 진짜 나빠. 왜 지구 사람들을 다 멸망시키려고 그러냐?"

"원래 이런 영화에는 악의 무리가 항상 나오지. 그래야 얘기가 되잖아. 착한 애들만 나오면 누구랑 싸우냐?"

내 말에 호사가 말했습니다. 하긴 싸우는 영화 중에 악당이 없는 영화가 어디 있겠어요.

"자동차가 로봇으로 변하는 장면은 진짜 같아! 척척척척 '나는 오토봇이다.' 두두두두~."

순신이가 로봇 흉내를 내면서 장난을 쳤습니다.

"나도 범블비 같은 자동차 하나 있으면 좋겠어. 항상 지켜 주고 보호해 주는 충성스런 보디가드 말이야."

나는 영화에 나오던 노란 로봇이 유난히 마음에 들어서 말했지요. 어른이 되면 제일 먼저 하고 싶은 게 이름 바꾸기지만 그것만큼 또 하고 싶은 일이 내 차를 갖는 일이거든요. 그런데 내 자가용인데다가 척척 변해서 로봇까지 된다면 얼마나 멋지겠어요. 어디에서나 나를 지켜주는 수호 자가용……. 생각만 해도 마음이 부풀어 오르지 않아요?

"야, 네가 샘처럼 중요한 인물이기라도 하냐? 큐브도 안 가지고 있는데 로봇들이 뭐 하러 널 지켜 주겠어."

하여간 호사는 남의 기분에 찬물 끼얹는 데 선수라니까요. 꿈이라도 그런 거 꾸면 안 되나요? 상상으로는 예빈이랑 결혼도 할 수 있는 거죠 뭐. 샘이 예쁜 여자랑 뽀뽀하던 것처럼 말이에요, 호호.

"혹시 지금도 자동차, 비행기로 변신해서 우리 주변에 숨어 살고 있는 것 아닐까? 착한 로봇들이 그러면 다행이지만 메가트론처럼 나쁜 로봇이 있는 거면. 야, 저 전화기도 로봇으로 변하면 어떡해. 왠지 무서운 걸."

아주 얘기에 푹 빠진 순신이가 오버를 하네요, 참 나.

"그런데 샘이 커다란 동상에 붙어서 벌벌 떨고 있던 장면 있잖아, 그거 진짜 돌로 만든 걸까?"

난 갑자기 생각이 나서 물었습니다. 요즘은 컴퓨터 그래픽으로 다 촬영을 한다고 하는데, 샘이 매달려 있던 석상은 진짜 같았거든요.

"그게 진짜였으면 밑에 있던 배우들은 떨어진 돌덩이에 맞아서 다치지 않겠냐? 아니겠지."

순신이가 말도 안 되는 소리라는 듯 대답했습니다. 그렇겠죠? 설마 저렇게 키가 높은 동상 위에 올라가서 찍은 건 아니겠지요? 나도 스타가 될 텐데, 영화배우를 할 때 그런 것까지 시키면 어떡해요. 돌 맞고, 높은 데서 떨어지고…… 무섭잖아요. 슬쩍 걱정이 되더라고요.

"예전에는 바위들을 스펀지 같은 것으로 만들었대. 가볍고 맞아도 다치지 않도록 말이야. 지금은 컴퓨터로 다 만들겠지."

호사의 대답에 조금 안심이 되네요. 설마 영화 찍자고 스타를 다

치게야 하겠어요?

"그런데 진짜 돌처럼 단단해 보이긴 하더라. 로봇들도 다 진짜 같고."

"너는 보기만 하고서 어떻게 저 돌이 단단하다고 알 수 있니?"

순신이의 말에 호사가 무슨 생각이 났는지 대뜸 물었습니다. 저렇게 물어 보는 걸로 봐서 호사가 알려줄 게 있는 모양입니다. 분명하지요. 내가 호사랑 몇 년 친구인데요.

"바위 색깔하고 똑같으니까 그렇지."

순신이가 자신 없는 말투로 대답했습니다. 논리적으로 말 잘하는 호사를 당해내기는 어렵거든요. 나는 아예 호사 질문에서 빠져야겠습니다. 대답해 봐야 본전도 못 찾을 텐데요 뭐.

"색깔만 보고서 단단하다고 짐작할 수는 없지. 색깔은 눈으로 보는 것이고, 단단하다는 것은 만져 봐야 아는 거니까. 단단하다는 것은 눈을 감고서도 만져 보면 알 수 있지만, 바위 색깔은 눈을 감고 아무리 만져 보아도 알 수 없어. 그렇다면 하나의 돌이 두 개가 되는 걸까?"

보세요. 호사의 긴 설명이 나왔죠? 하고 싶은 얘기가 있는 게 틀림없다니까요. 영화 얘기가 아니라 철학적인 설명, 뭐 그런 거요.

3 보는 것과 만지는 것

"그렇지만 우리는 진짜 돌을 보면 색깔과 단단하다는 것을 금방 알게 되는 걸."

순신이가 무슨 말이냐는 표정으로 되물었습니다. 그렇죠. 돌이 무슨 두 개가 되겠어요. 색깔이나 단단함이나, 그냥 딱 보면 아는 거 아니에요?

"그건 우리가 평소 경험한 것을 합체시켜서 알게 되는 것이지. 눈으로 보는 시각과 손으로 만져보는 촉각은 각각 다르지만, 마음

속에서 종합시켜 보면 돌의 색깔과 단단함을 곧 알 수 있지.”

“너 혹시 공손룡인지 또 그 애기 하려고 그러는 거지?”

짚이는 데가 있어서 내가 물었습니다. 며칠 전부터 공손룡 타령 하더니 아예 공손룡 연구자로 나설 생각인가 봐요.

“오호, 눈치로는 개동이가 나보다 몇 수 위인데? 그게 공손룡 견 백론인지 어떻게 알았어?”

호사가 아주 놀라며 나를 쳐다봤습니다. 당연하지요, 눈치 하나 로 먹고 산 세월인데요. 엄마가 주는 시련 속에서도, 시험 점수가 엉망인 상황 속에서도, 이 정도로 꿋꿋하게 잘 살고 있는 이유가 눈치 빨라서 아니겠어요? 자고로 눈치가 빠르면 절간에서도 새우 젓을 얻어먹는다잖아요. 엄마의 기분을 삭삭 알아서 움직여 주는 센스! 이게 다 팽개동이 살아가는 방법이랍니다. 그러니 호사의 긴 말이 왜 나왔는지 알아맞히는 건 식은 죽 먹기죠.

“견백론? 볼 견, 흰 백, 그 한자인가?”

“아니, 단단할 견, 흰 백이야.”

순신이가 맞히지 못해서 풀 죽은 것에는 상관도 없이 제대로 탄 력 받은 호사가 줄줄이 말을 시작했습니다.

“눈으로는 흰 것(백)을 알 수 있지만 단단함(견)을 알 수 없으므로 단단함은 없다. 만져 보면 단단함은 알 수 있지만 흰 것은 알 수 없으므로 흰 것은 없다. 흰 것을 아는 것과 단단함을 아는 것은 보는 것과 보지 않는가에 따라서 차이가 나며, 서로 관련이 없으므로 두 가지가 분리된다."

"야, 그 긴 말을 다 외운 거야? 대단하다, 대단해."

나는 너무 신기해서 호사를 다시 쳐다봤습니다. 동시 5편 암송 숙제가 있었을 때, 나는 그거 외우느라 죽을 뻔했거든요. 호사는 내 친구지만 참 위대해 보이죠?

"억지로 외운 게 아니라 그 의미를 생각하면 쉬워. 사물을 파악하는 인식에 대해 말하는 것이니까."

점점 더 어려운 소리를 하고 있네요. 쉽긴 뭐가 쉬워요. 의미를 생각하라니 더 어려워지는구만.

"그런 뜻에서 공손룡의 주장을 두 가지 면에서 생각할 수 있거든. 우선 돌의 단단함과 희다는 것이 분리될 수 없는 것이라면, 세상에 단단한 사물과 흰 사물이 따로 있을 수 없다는 거야. 또 하나는 시각으로는 흰 것만을 파악하고, 촉각으로는 단단한 것만을 파악할 수 있으므로 단단함과 희다는 것이 일체가 아니라는 거지."

아니, 호사는 참 쓸데없는 것에도 관심이 많죠. 돌은 그냥 돌이

고 그냥 그런 거지 뭘 그렇게 따지는지 모르겠어요.

"척 보면 돌이라는 거 다 아는 거 아냐? 아기들도 그런 건 다 알겠다."

호사의 말이 하도 이상하게 들려서 내가 한마디 했습니다. 공손룡 타령할 때부터 알아봤어요. 이름 얘기해서 랑이의 마음을 위로해 준 것까지는 좋았는데 계속 복잡한 소리만 하고 있잖아요.

"그러면서 너 영화 볼 때는 진짜 돌인지 아닌지 몰랐잖아. 어떤 사물을 그것이라고 어떻게 알게 되는가, 그것이 공손룡의 관심이었던 거지."

듣고 보니 또 그렇기도 하네요. 하여간 호사에게는 당해낼 수가 없다니까요.

"우리가 돌을 알 수 있는 건 머릿속으로 판단하는 거 아냐?"

가만히 듣고 있던 순신이가 말했습니다. 내 말이 바로 그거잖아요. 척 보면 안다는 거.

"맞는 말이야. 그걸 이성으로써 감각을 종합하여 판단한다고 하지."

같은 말이라도 호사의 입을 통해 나오면 유식하고 어려운 표현이 되니 참 신기한 일이죠. 그래서 엄마가 책을 많이 읽으라고 했나 봐요. 책을 읽어야 아는 것도 많아진다고요. 그렇지만 나는 글자가 새카맣게 있는 것보단 만화책이 훨씬 재미있는 걸요. 그림 없는 건 읽기도 싫고……. 만화로 공손룡 얘기를 그려 주면 좋을 텐데, 히히.

"공손룡의 말대로 '견백'(단단함과 흰 것)이 두 가지 다른 대상에 적용될 때에는 당연히 분리될 수 있어. 예를 들면 '흰 눈'의 '희다'와 '흰 돌'의 '단단함'은 따로따로 존재하잖아. 하지만 순신이 말대로 바로 그런 점을 보면 공손룡 주장에 문제가 있지. 우리는 여러 감각 기관을 통해서 한 덩어리의 흰 돌로 보는 거잖아. 그런데 그걸 공손룡은 '단단하다' 혹은 '희다'라고 판단하는 감각 기관이 다르기 때문에 단단한 돌과 흰 돌의 두 가지로 나뉜다고 생각했던 거야. 하지만 그 돌은 우리가 보거나 만지지 않아도 존재하며, 우리의 의식은 시각과 촉각을 동시에 느낄 수 있다는 것을 잊은 거지."

혼자 북 치고 장구 치고 다 하네요. 그러게 돌이 그냥 돌이지, 그게 왜 분리가 된다고 했냐고요. 가만 보니 공손룡 좀 이상한 사람 아니에요? 흰 말도 말이 아니라고 하질 않나, 하나의 돌이 두 개라고 하질 않나.

"비판 받을 부분도 있지만, 그 오래전에 인간의 인식과 판단을 논리적으로 해석하려던 것만큼은 대단하다고 봐. 흔히들 사람들은 서양 철학은 아주 논리적인데 동양 철학은 비논리적이라고 생각하잖아. 그렇지만 공손룡 같은 사람이 있잖아? 논리적으로 따져 보고 생각하는 철학 말이야. 그래서 나는 공손룡 주장이 재미있더라고."

아무렴, 논리 빼면 말이 안 되는 호사인데 오죽하겠어요. 녀석에게는 흥미 있고 매력 있는 공부였겠지요. 그렇다고 우리를 이렇게 괴롭히면서 머리를 쥐 나게 하다니요! 친구를 잘못 둔 죄로 머리가 너무 뜨끈뜨끈해진다니까요. 엄마 말대로 나쁜 머리를 쓰려니까 과부하가 생겼나 봐요, 으.

"나는 트랜스포머가 훨씬 재밌더라. 공손룡 얘기 그만 하고 우리 컴퓨터 게임 한 판 할까?"

순신이가 눈을 빛내며 말했습니다. 이제까지 듣던 말 중 제일 듣기 좋은 말이지 뭐예요.

"그럴까? 엄마가 특별히 한 시간 허락해 주셨으니까 조금 하는 건 괜찮겠지. 자, 내 방으로 가자."

호사도 혹 했는지 얼른 자리에서 일어났습니다. 어른이 안 계신 집에서 맘껏 게임 하는 게 우리들의 또 다른 취미라는 거 아니에요. 그렇지만 오해하면 안 돼요. 셋이 몰려다니면서 몇 시간씩 컴퓨터 게임하고, 뭐 그런 건 아니니까요. 이래봬도 우리는 부모님 말씀 잘 듣는 착한 학생들! 정해진 시간만큼만 하거나 아니면 꼭 필요할 땐 허락 받고 하는 모범생이란 말씀!

어쨌거나 오늘은 호사의 엄마도 허락한 특별한 날. 영화도 보고, 피자도 먹고, 친구들이랑 컴퓨터 게임까지, 아싸~.

"내가 새로 알아낸 게임 있거든. 그거 진짜진짜 웃겨."

순신이가 호사 방으로 따라 들어가며 들뜬 목소리로 말했습니다. 하여간 이럴 때 목소리가 제일 밝지요. 우리들은 그렇게 호사의 집에서 마치 생일파티를 하는 것처럼 즐거운 시간을 보냈습니다.

보편 개념과 구체 개념

 흔히 유개념을 보편(일반) 개념, 종개념을 구체 개념이라고도 해요. 여기서 문제는 구체 개념이 실제로 있다는 것은 상식적으로 받아들일 수 있어요. 하지만 구체 개념을 추상화한 유개념(보편)이 실제로 있는지 여부는 쉽게 받아들이기 어려워요. 예를 들어 '사자'와 '호랑이' 같은 구체 개념이 실재한다고 쉽게 인정할 수 있지만, 유개념으로서 '짐승'이 실재하는가의 여부는 그리 간단한 문제가 아니에요. 이에 대해 서양의 고·중세 철학에서도 이미 논쟁이 있었어요.

<pre>
사물(신) ┌ 무생물
         └ 생물 ┌ 식물
                └ 동물 ┌ 짐승
                       └ 사람 ┌ 여자
                              └ 남자 ┌ 박철수
                                     └ 김영수
</pre>

보편(일반) 개념 : 상위 개념, 유개념

구체(특수) 개념 : 하위 개념, 종개념

　그림에서 보듯이 '사람'은 '동물'에 비해서는 하위 개념, 구체 개념이며, '남자' 혹은 '여자'에 비해서는 상위 개념, 보편 개념이에요. '사람'보다 더 높은 지위에 있는 것은 모두 보편 개념이죠. 이 그림에서 우리는 몇 가지 중요한 사실을 발견할 수 있어요.

　첫째, 상위 개념이나 하위 개념은 상대적이라는 것이죠. 예를 들면 '사람'이라는 개념은 사물, 생물, 동물에 비해서는 하위 개념이에요. 하지만 반대로 남자, 여자, 김영수 등에 비해서는 상위 개념이죠.

　둘째, 최고의 보편 개념은 그림에서 보듯이 '사물' 자체예요. 이것을 절대 보편 개념이라고 하죠. 종교에서는 이것을 '신'이라고 말해요.

　셋째 최하위 구체 개념은 김영수, 박철수예요. 이러한 그림을 동양에서는 순자가, 서양에서는 아리스토텔레스가 처음 제시했어요. 이로부터 동서양의 논리학이 비롯된 것은 결코 우연이 아니겠죠?

견백론의 진실

공손룡의 또 다른 유명한 학설이 '견백론(堅白論)'이에요. 이것은 구체적으로 '단단함과 하얀 것이 분리된다.'는 주장입니다. 공손룡은 견백론에서 '견백석(단단하고 흰 돌)'을 예로 들어 다음과 같이 주장했어요.

"시각으로는 흰 것(백)을 볼 수 있지만, 단단함(견)을 알 수 없으므로 단단함은 없다. 촉각으로는 단단함은 알 수 있지만, 흰 것은 알 수 없으므로 흰 것은 없다. 흰 것을 아는 것과 단단함을 아는 것은 보는가 보지 않는가에 따라서 차이가 나며, 서로 관련이 없으므로 두 가지가 분리된다."

견백론은 앞에서 똑똑한 호사가 설명을 잘 해줬어요. 물론 공손룡의 말대로 '견백(단단함과 흰 것)'이 두 가지 다른 대상에 적용될 때에는 당연히 분리될 수 있어요. 그러나 두 가지 다른 속성이 하나의 사물 속에서 분리될 수 있는지는 알 수 없어요. 우리가 '견'과 '백'을 파악하는 감각 기관은 다르잖아요. 그런데 이것이 한 개의 돌에서 '견백'이 분리될 수 있다는 근거는 되지 못하죠. 우리는 감각만으로 사물을 판단하지 않고 이성을 함께 사용하여 판단하니까요.

공손룡의 '이견백'에 대한 비판으로서 다음과 같은 예도 있어요. 한 사람은 손으로 돌을 만져보고, 다른 한 사람은 눈으로 돌을 보아 종합하여 '견백석'이라고 한다면, '견백'은 돌에서 결코 분리될 수 없다는 것이죠.

난 내 이름이 좋아

 "무릇 이름이라고 하는 것은 實을 말함이다. '이것은 안다.' 하고 '이것이 아니다.' 라고 하며, '이것은 아는데 여기 있는 것은 아니라.' 하면 이것은 말하여 지적하는 것이 아니다. '저것은 안다.' 하고 '저것이 아니다.' 라고 하며 '저것은 아는데 여기에 있는 것은 저것이 아니라.' 고 한다면 이것은 말하여 지적하는 것이 아니다."

– 〈명실론(名實論)〉

1 할아버지가 생각나요

"엄마 시장 갔다 올 테니까, 숙제 하고 있어."

호사네 집에서 실컷 놀다 들어갔더니 엄마가 막 나가려고 했습니다. 저녁 준비하러 마트에 가려나 봐요.

순간 엄마 얼굴을 보자 시험지에 사인을 받아야 한다는 생각이 퍼뜩 떠올랐습니다. 아차, 반도 더 틀린 시험지를 보여 줘야 하는데, 이걸 어쩌지…… 원래 내 계획으로는 일찍 와서 내 방 책상에 앉아 꼼짝도 안 하고 공부하고 있는 모습을 연출하는 것이었는데, 그만 호사의 유혹에 빠져 다 까먹었지 뭐예요.

눈치로 살아온 나, 팽개동이잖아요. 일단 반성하고 이제부터라도 열심히 공부하겠다는 강한 의지를 보여주는 차원에서, 책상에 앉은 모습을 보여주는 게 약효 최고라는 걸 알고 있었는데 말이에요. 그러고 나서, 저녁 먹고 슬그머니 시험지를 보여 주면서 사인을 받아내야 잔소리 덜 듣고 성공할 수 있거든요. 벌써 마음을 단단히 먹고 실천하고 있다, 이런 모습을 먼저 보여줘야 한다는 게 나의 노하우인데.

노느라고 그걸 죄다 잊어버리고 저녁에 들어왔으니 이를 어쩌면 좋아요. 엄마 사인을 몰래 도용해 볼까? 꼬불거리는 거 대충 흉내 내면 되지 않을까? 하지만 엄마 사인은 너무 복잡해서 흉내 내기도 어렵다고요. 그리고 사실이 발각되었다간 그야말로 초상이에요. 휴…….

"엄마, 나도 같이 가요. 엄마가 무거운 짐 드는데 아들이 도와 줘야죠."

역시 나는 잔머리의 천재예요! 엄마의 기분을 좋게 하는 방법은 내 머릿속에 다 들어 있다는 말씀. 순간 좋은 생각이 떠오른 거랍니다.

"어머머, 웬일이야? 같이 가자고 해도 안 따라다니더니."

보세요, 벌써 엄마 얼굴이 살짝 밝아졌죠? 엄마는 아들과 다니는 걸 아주 좋아하거든요. 하긴 나처럼 잘생긴 남자랑 같이 걸어가는 걸 누가 싫어하겠어요?

시장까지 걸어가려면 꽤 거리가 먼데 혼자 가면 심심하고 들고올 짐이 많을 땐 힘들기도 하잖아요. 그러니까 엄마는 나랑 같이가고 싶어서 자주 꼬드기는데, 난 매번 거절을 했거든요. 이만큼이나 커서 엄마 따라 시장 가다니, 내 사회적 지위에 어울리기나하겠어요?

엄마는 동네 아줌마들과 자전거를 타고 시장에 다녔는데 자전거를 도둑맞고는 이렇게 혼자 다닌답니다. 아줌마들과 시장 갈 시간을 맞추기도 어렵다고요.

이 나이에 꼬마들이나 따라 다니는 시장에 가기는 싫지만 오늘은 다르지요. 엄마의 기분을 한껏 좋도록 해야만 시험지 사인을잘 받아낼 수 있을 테니까요. 저녁 때까지 놀다 들어왔는데 시험지까지 그런 걸 내밀어 봐요. 야단이 벼락처럼 떨어질 일은 뻔하잖아요. 엄마를 돕는 효자 아들 노릇도 하고, 아예 저녁 준비 하는것까지 도와드려야겠어요. 설거지까지 다 해버릴까? 그럼 공부하는 모습만큼이나 효과 만점일 것 같은데요.

"곧 어두워 질 텐데 엄마 보디가드도 해 드려야죠. 범블비처럼."

"범블비? 그게 뭔데? 벌 이름이야?"

"에이, 엄마도. 영화 트랜스포머에 나온 로봇 이름이에요. 보디가드 로봇이요. 내가 엄마 보디가드 해 줄게요."

"아들을 키워 놓으니 좋구나. 언제 우리 아들이 이렇게 커서 엄마를 지켜 주겠다고 하다니……. 고맙다, 개동아."

히히, 내 전략은 백발백중 틀림없다니까요. 말 한마디로 천 냥 빚을 갚는다고 그러잖아요? 우리 엄마는 말만 잘해도 이렇게 감격한다고요.

"얼른 갔다 와요, 엄마. 무거운 거 있어도 걱정 마세요. 튼튼한 팽개동이 있으니까."

나는 엄마의 시장 가방을 받아 들고 씩씩하게 앞장서서 걸었습니다. 그런데요, 이것도 다 생각이 있는 행동이랍니다. 분명히 내 말에 감동한 엄마는 감격스러운 마음에 내 팔짱을 끼고 걸어가려고 하실 거예요. 엄마가 좋은 건 사실이지만 아무리 그래도 팔짱까지 끼고 걷는 건 좀 그렇지 않아요? 누가 볼까 봐 얼마나 창피한데요. 엄마는 그런 것도 모르고 막 뽀뽀를 하려고 하질 않나, 손도 잡으려고 하질 않나, 진짜 싫다고요. 그런 건 아빠랑 하면 되지, 다 큰 아들한테 그런다니까요. 친구들 중에 누가 엄마랑 뽀뽀하고 다니겠어요? 정말 창피하단 말이에요. 그러니까 엄마 팔짱을 피하려면 얼른 앞에서 걷는 게 좋다는 거. 아, 이렇게 잘 돌아가는 머리가 공부 시간에도 쓰이면 얼마나 좋을까요.

엄마와 시장을 보고 돌아와서 나는 아예 손을 걷어붙이고 엄마 일을 도왔습니다.

"안 그래도 된다니까 얘가 왜 이럴까? 엄마 혼자 해도 돼. 들어가서 너는 네 일이나 해. 이 짐 다 들어다 준 것만으로도 충분하다니까. 응?"

엄마는 그렇게 말하면서도 은근히 좋아했습니다. 엄마 마음 다 아는데, 척 보면 척 아니겠어요.

"너희 할아버지 계셨으면 난리 났을 일인데. 그치?"

엄마가 갑자기 생각이 났는지 피식 웃으며 말했습니다. 맞아요, 할아버지 있을 때는 이런 모습 절대 보이면 안 되었죠. 물 마시는 것 말고는 부엌에 들어가면 안 되었으니까요.

"맞아요. 할아버지가 이거 봤으면 엄청 소리치셨겠죠? 사내 녀석이 어딜 들어가! 그러면서요."

내가 할아버지 목소리 흉내를 내면서 말하니까 엄마가 깔깔 웃었습니다. 옛날 생각이 나나 봐요.

우리 할아버지는 아주 옛날 분 같아서 생각도 고지식했거든요. 꼭 조선 시대 때 방에 앉아 책을 읽는 선비처럼요. 할아버지는 옷도 꼭 한복만 입고 다니셨어요. 우리 것을 지켜야 한다고요. 수염도 길게 길러서 진짜 조선 시대 사람 같았죠. 머리에 상투를 틀지 않은 게 그나마 천만다행이에요. 그렇게까지 했다면 사람들이 다 쳐다봤겠죠? 안 그래도 곰방대 물고 다니는 할아버지를 신기하게 보는 사람이 많았는데. 역사박물관에 가면 관람객이 아니라 진열되어 있는 사진하고 똑같았다니까요. 머리가 짧은 것만 빼면.

그런 우리 할아버지인데 작년에 돌아가셔서 지금은 안 계세요. 생각하니 할아버지가 그립고 슬퍼지는 걸요.

"너희 할아버지 성격이 하도 유난하셔서 힘들긴 했지만, 가고 안 계시니까 허전하고 그렇구나. 그래도 큰일 생기고 할 때는 할아버지 힘이 크게 느껴졌는데……. 어려울 때마다 지혜로운 말씀도 해 주셨고 말이야. 어른이 계실 때는 그 자리를 모르다가 돌아가시고야 진심으로 알게 되는 것 같아. 네가 이해할지 모르겠지만."

엄마도 할아버지가 생각났는지 목소리가 촉촉해지시는 것 같았습니다. 엄마는 나를 너무 어린애로만 생각하신다니까요. 내가 왜 이해를 못하겠어요. 엄마만큼 세상을 다 안다고 생각하는데. 어른들은 참 어린애들을 어리게만 보는 게 문제에요. 우리들도 다 아는데.

"할아버지 새벽에 진지 드셔서 힘들었잖아요."

사실이에요. 우리 할아버지는요, 저녁 8시가 한밤중이고 새벽 4시가 아침이었어요. 우리는 한참 할 일이 많은 시간에 할아버지는 주무시고, 우리가 한참 자고 있을 때 할아버지는 일어나서 돌아다니셨거든요. 그것 때문에 얼마나 힘들었다고요. 저녁 때면 할아버지 깨실까 뒤꿈치 들고 살금살금 다녀야 했고요, 새벽이면 할아버지 돌아다니는 소리에 잠도 몇 번이나 깼는데요. 엄마는 새벽 5시에 일어나 아침 상 차려드려야 했다니까요.

"그러긴 했지. 그래도 더 오래 사셔서 너 시험 100점 맞는 것 한 번은 보셨어야 했는데……."

엄마가 뭔가 뼈 있는 말을 하네요. 어쩌면 내가 부엌에서 안 나가고 엄마 돕는 척하는 숨은 뜻을 알아채기라도 한 걸까요?

"하긴 내가 오래 살아도 그걸 볼 수 있을까 모르겠다."

엄마가 시금치를 다듬으면서 말했습니다. 슬쩍 미안한 생각도 들고, 한편으론 자존심이 상하기도 했습니다.

"엄마는 참. 두고 보세요, 이번 기말고사에서는 엄마 소원 꼭 이루도록 할게요. 할아버지의 소원까지도요."

순간 나도 생각지 못했던 말이 불쑥 튀어나와버리고 말았네요. 말하는 나조차도 믿을 수 없는 100점! 그걸 어떻게 하겠어요? 하지만 할아버지가 그렇게 예뻐하던 손자인데, 팽 씨 집안의 장손이라고 귀하게 여기셨는데 이제는 비록 하늘에 계셔도 그 소원 이루어드려야겠죠.

할아버지가 늘 말씀하셨어요. 팽 씨 집안에 머리 나쁜 사람은 없다, 네가 원래 똑똑한 아이인데 노력을 하지 않아서 그렇다, 고요. 그러니 나도 노력하면 될 수 있어요!

"정말이야? 개동이 이번 한 번 믿어 볼까? 그래, 할아버지가 팽씨 집안 장손을 얼마나 자랑하고 다니셨니. 하늘에서도 너희 할아버지는 팽개동이 자랑하고 다니실 걸. 그 소원 좀 이루어드려라. 네가 그러면 엄마도 날아다니겠다."

엄마가 무척 좋아하며 말했습니다. 어쩌다 얘기가 이렇게까지 되었을까요. 반도 못 맞은 시험지 사인을 받아가야 되는데…….
그것 때문에 여태껏 엄마랑 같이 손에 흙 묻히며 시금치 다듬고

있었던 건데.

"알았어요, 엄마. 노력해 볼게요. 팽개동, 화이팅!"

이왕 이렇게 된 거 말이라도 힘차고 씩씩하게 해야 되지 않겠어요? 까짓 거 뭐, 문제집 몇 권 풀어보면 100점 하나 안 나오겠어요? 아자!

"그래, 팽개동. 개동이 너는 놀림 받는다고 네 이름 싫어하지만 그 이름 짓느라 할아버지가 몇 달을 고민하셨는지 몰라. 장손에 대한 할아버지의 깊은 애정과 사랑이 담긴 이름이야."

내 대답을 듣다가 엄마가 새삼스럽게 말을 꺼냈습니다.

"엄마가 너 임신하고 나중에 뱃속에 있는 네가 아들이라는 거 알고부터 할아버지는 옥편을 수없이 찾아보셨단다. 왜 어른들은 사주도 보고, 이름의 획도 따져 보고, 불렀을 때의 느낌까지 다 생각해 보시잖니. 좋은 것 중에서도 제일 좋은 걸로 고른 게 네 이름이야. 처음 들었을 땐 엄마도 좀 이상하게 들리긴 했는데 자꾸 부를수록 참 정이 가더라니까."

"치, 개똥이 뭐 정이 가요. 내가 이름 때문에 얼마나 시달리는데. 할아버지는 그런 거 다 따져서 지었다면서 개동이가 뭐예요. 팽 씨도 웃긴데 개똥까지."

나는 엄마의 말을 들으면서도 좋은 생각이 들지 않아 퉁명스럽게 대꾸했습니다. 이름에 관해서는 정말이지 할아버지가 원망스러워요. 민준, 찬헌, 우빈, 뭐 이런 근사한 이름들 많잖아요? 좋아하는 여자한테 내 이름을 소개하면서 '팽개동입니다.' 이래 봐요. 폼 안 나고 우습지 않아요? 할아버지도 너무 하죠. 귀한 손자가 놀림당할 걸 생각도 안 했나 봐요.

"열릴 개, 동쪽 동, 쉬운 한자 같지만 그 뜻이 얼마나 깊은데. 너 할아버지한테 그 의미를 못 들었어?"

그깟 뜻이 뭐 중요해요. 할아버지한테 그 의미인지 깊은 뜻인지는 귀에 딱지가 앉도록 들었다고요. 팽개동(彭開東) '동쪽 하늘을 열어라.' 그게 뭐라고요. 해가 떠오르는 동쪽, 그 하늘을 열고 높은 경지에 이르는 사람이 되길 바란다고요? 높은 경지는 안 올라도 좋으니까 남들 눈에 띄지 않는 평범한 이름이기나 했으면 좋겠어요.

"수도 없이 들었죠. 그렇지만 난 내 이름이 싫어요."

"엄마는 좋기만 하구만. 개동아~."

"에잇, 장난 아니라니까요! 어른 되면 꼭 내 손으로 개명할 거라고요. 그땐 다들 말려도 소용없어요. 지금은 미성년자라서 참고 있지만."

내가 눈을 부릅뜨고 의지를 선포하자 엄마가 호호 웃으면서 대답했습니다.

"그전에 이미 네 이름에 정들어 버릴 걸. 나중엔 엄마가 바꾸라고 해도 싫다고 할 거다."

"절대 그럴 일 없을 거예요. 엄마도 나중에 내 이름 바뀌면 새 이름에 정들 거예요."

그렇게 얘기를 나누던 나는 엄마 일을 도와드리고 아까 생각처럼 설거지까지 깨끗이 끝내버렸습니다. 엄마가 얼마나 기특하게 보시던지.

그 뒤로 시험지는 어떻게 됐냐고요? 물론 내 계획대로 엄마 기분을 확 사로잡은 덕분에 두세 마디 말 듣는 걸로 사인 받아냈죠. 이 정도면 완벽한 성공 아니겠어요?

2 난 안 되나 봐

반도 못 맞은 시험지 사인 받는 일은 잘 해결됐지만 뭔가 찜찜한 기분이었습니다. 엄마에게 잔소리 듣는 걸 피하는 것만이 다는 아니잖아요.

나는 책상에 앉아 가만히 생각에 잠겼습니다. 사물은 제각기의 이름이 있고, 그 실체가 있다고 했다지요. 호사가 말했던 공손룡이 말이에요. 그렇다면 실제 나는 어떤 사람일까요? 팽개동, 나는 어떤 사람일까요?

거울을 들여다보면서 내가 엄청 잘생기고 멋있는 남자라고 생각했는데, 그게 나의 전부일까? 자신이 없어서 예빈이에게 빼빼로도 전해 주지 못하는 애, 항상 공부 잘하고 똑똑한 호사를 부러워하는 애, 가끔은 그런 호사를 얄밉다고 생각하는 애, 노력도 안 하는 애…….

아무리 생각해도 부정적인 내 모습만 떠올랐습니다. 스타는 뭐 아무나 하나요. 이렇게 있다가는 스타는커녕 스타일만 구겨지고 말겠지요. 이러다 스타킹 만드는 공장에서 일하고 있을지도 모르고요. 이래가지고 예빈이에게 어떻게 나서겠어요. 지금은 이렇지만 나중에 화려한 스타가 되어서 예빈이 앞에 짠 나타나려고 했는데, 지금을 아무 노력도 하지 않고 나중에 뭐가 되기를 기대할 수 있겠어요.

우울한 생각이 들었습니다. 내가 썩 괜찮은 사람이라고 자신했었는데 꼭 그렇지는 않은 것 같았습니다. 나의 실체는 할아버지가 지어주신 이름 그대로 '동쪽 하늘을 여는' 훌륭한 모습이 아니잖아요. 개동이 아니라 진짜 개똥같은 게 지금 내 모습인가 봐요.

왈칵 눈물이 날 것 같았습니다. 이런 걸 사춘기라고 하는 건가? 엄마에게 반항하고 괜히 신경질 내는 게 사춘기라고들 하던데. 엄마가 그랬거든요. 애들이 방문 쾅 닫고 혼자 잡생각 하는 게 사춘기라고요. 그렇지만 그런 시간을 지내야만 비로소 자기 자신에 대해 진지하게 생각할 수 있는 거래요. 진짜 어른이 되기 위해 한 뼘 쑥 크는 시간이 필요하다고요.

항상 즐겁기만 하고 노는 것만 재미있었는데 오늘 밤은 그렇지가 않네요. 진짜 나는 누굴까.

나는 책상 서랍에서 종이 한 장을 꺼냈습니다. 그리고 굵은 사인펜도 하나 꺼냈지요. 턱을 괴고 한참을 생각하다가 한 가지 정리되는 것이 있었습니다. 지금 당장의 내 일에 성실하자는 것 말이에요. 아까 엄마에게 큰소리친 것도 있지만, 나도 시험에서 100점 한 번 받아봐야 되지 않겠어요? 할아버지가 그렇게 말씀하셨는데, 사회에 도움이 되는 사람이 되려면 자신의 일에 최선을 다하라고 말이에요. 그런 할아버지의 뜻대로 나도 뭔가 제대로 하는 사람이 돼야겠어요.

'기말 고사 100점은 나의 것!'

크게 종이 한 장을 채워 쓰고 나는 책을 폈습니다. 이건 엄마의 기분을 맞춰 사인 받으려고 할 때의 폼이 아니에요. 진짜로 마음에서 우러나 공부를 하는 거죠. 팽 씨 집안 머리 좋다는데 이렇게 노력하면 잘할 수 있지 않겠어요? 나도 팽 씨잖아요.

눈에 힘을 잔뜩 주고 나는 책을 노려봤습니다. 시간이 늦었지만 할 건 해야죠? 중대한 오늘의 결심을 지키려면.

"개동아! 얘가 지금 몇 시인데 아직도 자고 있는 거야? 어쩐지 어제 하루 반짝 일찍 일어난다 했어. 그럼 그렇지, 뭐? 철이 들어? 자기 할 일은 스스로 하겠다면서?"

언제 왔는지 엄마가 내 등을 탁 치며 말했습니다.

"얼씨구, 얼굴에 그 잉크는 다 뭐니? 무슨 대단한 일을 한다고 책상에 엎드려서 자고 있어?"

억지로 눈을 떠서 주위를 둘러보니 책상에 엎드린 자세 그대로 내가 잠이 들었었나 봐요. 그래서인지 어깨와 등이 욱신욱신 아파 오네요. 분명 책을 노려보던 것까진 기억이 나는데, 무슨 책이었는지 뭘 봤는지는 하나도 생각이 안나요. 아무래도 그대로 잠든 모양이에요.

"이 볼에 묻어 있는 건 또 뭐야. 100? 오호, 여기 종이에 쓴 사인펜이 네 침에 번져서 얼굴에 묻은 거로구나. 호호호, 이 녀석아 종이에 100점 써 놓으면 저절로 100점이 나오니? 응?"

엄마는 내 얼굴의 얼룩이 재미있는지 놀리면서 방을 나갔습니다. 치, 아들의 중대 결심을 비웃기나 하고.

그렇지만 나도 너무 하죠. 결심한 첫날, 어떻게 책 한 장도 넘겨 보지 못하고 잠이 드냐고요. 너무 낙천적인 게 문제인가? 아니, 호사 말대로 아무 생각 없이 사는 게 문제인가?

"빨리 나와서 씻고 밥 먹어. 너 그 얼룩 안 지워지면 어떡할래?"

엄마가 밖에서 소리쳤습니다. 이크! 시계를 보니 8시가 훨씬 넘었지 뭐예요! 이러다가 엄청 늦고 말겠어요.

나는 후다닥 화장실로 가서 볼에 묻은 잉크를 박박 문질러 씻었습니다. 비누를 네 번이나 다시 묻혀서 문지르는데도 밤새 말라버린 잉크 자국은 지워지지가 않는 거예요. 살 속으로 스며들어서 문신이라도 된 거 아닐까? 열심히 닦았지만 결국 흔적은 남아서 100이 턱 하니 남아 있지 뭐예요.

"아이고 참 보기 좋다. 호호호. 더 닦아도 안 되면 할 수 없지 뭐. 얼른 밥 먹고 가. 애들이 놀리기밖에 더 하겠어?"

엄마는 아들이 놀림당하는 게 재밌기라도 하나 봐요. 어떻게 애들보다 더 즐거워하는 것 같다니까요.

나는 대충 밥을 먹고 가방을 챙겼습니다. 가방 안에는 어제 넣어 두었던 빼빼로가 그대로 들어 있었지요. 아참, 오늘은 랑이가 학교에 나오는 날이죠! 독감이 다 나아서 오늘은 올 수 있다고 했거든요. 그렇다면 이 빼빼로를 랑이 줘야겠어요. 어제는 가짜로 랑이 준다고 둘러댔지만 오늘은 진짜로 랑이를 줘야죠. 그동안 학교도 못 나오고 혼자 누워 있느라 고생했을 테니까 말이에요. 어차피 예빈이에게는 주지도 못할 텐데요, 뭘.

나는 빼빼로를 꺼내 '호랑이'라고 이름을 크게 적어 신주머니의 앞에다 잘 넣었습니다. 이번에는 호사에게 뺏기지 않게 받을 사람 이름을 아예 표시해 두려고요. 이러면 아몬드 빼빼로는 빼빼로가 아니라는 둥, 그런 핑계는 대지 않겠지요? 헤헤.

"어머! 9시 다 돼간다! 너 학교 안 늦었니?"

으아악~ 이러다 완전 꼴찌로 학교 가겠어요. 괜히 딴 거 하다가 더 늦어 버렸지 뭐예요.

"엄만 진작 시계 좀 보고 알려 주지!"

나는 괜스레 엄마에게 화풀이를 하면서 후딱 뛰어나왔어요. 학교 가는 길엔 이미 애들이 하나도 없었습니다. 원래도 지각을 잘하지만 이렇게나 늦게 간 건 처음이에요. 너무 걱정이 되어서 가슴이 콩닥거렸습니다. 전교의 애들이 다 들어가 앉은 학교로 혼자 뛰어가는 기분은 정말이지 최악이었지요.

나는 운동장을 가로질러 최대한 속력을 냈습니다. 가방 안에선 필통이 달그락 소리를 냈고 뛸 때마다 가방이 막 흔들렸지요.

겨우겨우 뛰어서 교실로 쌩 들어갔습니다. 휴~, 다행히 선생님은 교실에 안 계시네요. 다른 반 선생님과 얘기 나눌 게 있어서 나가셨다고 내 짝이 말해 주었습니다.

칠판에는 한 가득 선생님이 내 준 문제들이 써 있었어요. 오전 자습 시간의 숙제로 말이에요. 얼른 문제라도 베껴서 써 놔야겠습니다. 분명히 다 못 푼 건 남아서 하라고 시킬 테니까요.

"왜 이렇게 늦었냐? 어이구, 너 얼굴에 그건 또 뭐야? 뭐라고 써 놓은 거야? 100?"

막 공책을 꺼내고 있는데 호사가 슬쩍 옆으로 와서 물었습니다.

"너 문제 다 풀었으면 나 좀 보여 줘. 7번 문제 너무 어려워서 모르겠다. 아니, 근데 너 얼굴은 그게 뭐냐?"

순신이가 호사에게 말하러 왔다가 내 얼굴을 보더니 키득키득 웃었습니다. 그렇게 세게 닦았는데도 안 지워져서 이게 무슨 망신이에요.

"영화 300이라도 보고 잔거야? 밤사이 테르모필레 전투라도 벌였냐? 하하. 근데 300도 아니고 웬 100?"

"아하, 페르시아의 100만 대군 아니야? 개동이가 크세르크세스 왕이었나 보지. 나는 관대하다아아~."

아주 호사와 순신이가 죽이 맞아 장난을 치네요. 나를 놀리는 재미가 좋은가 보죠? 칫.

그렇지만 사실대로 말하긴 싫고(그랬다간 지금 놀리는 것보다 몇 배는 더 놀리면서 웃어댈 걸요.) 딱히 둘러댈 말도 없어서 그냥 가만히 있었습니다. 이럴 땐 차라리 침묵이 낫거든요.

두 녀석이 낄낄대건 말건 나는 문제를 옮겨 적으려고 필통을 찾았습니다.

"참, 랑이가 오늘부터 학교에 나온다고 했는데. 왜 아직 안 오지?"

순신이가 갑자기 생각난 듯 말했습니다. 그래요, 랑이가 오는 날이었지요. 아, 그렇지! 빼빼로를 주려고 가져왔는데, 까맣게 잊어버리고 있었네요.

나는 신주머니를 들어 빼빼로를 꺼내려고 했습니다. 그런데 이게 웬일이에요! 주머니가 텅 비어 있지 않겠어요!

"어, 여기 분명히 넣고 왔는데……. 이게 대체 어디로 갔지? 아이 참."

"뭐? 뭘 찾는데?"

호사와 순신이가 의아한 얼굴로 쳐다봤습니다.

"어제 랑이 주려고 가져왔던 빼빼로 말이야. 오늘 주려고 잘 챙겨 넣었는데."

"너 오늘 지각했지? 그래서 막 뛰어온 거 아냐? 뛰면서 신주머니가 흔들리니까 과자가 떨어졌겠지. 너는 늦었다는 것에만 정신이 쏠려서 떨어진 것도 몰랐을 테고. 논리적으로 보면 그렇지 않겠어?"

항상 논리적인 호사가 말했습니다. 그런가 봐요. 호사 말대로 너무 빨리 뛰느라 과자가 떨어진 줄도 몰랐겠죠. 에이, 속상해.

"어쩔 수 없지. 뭐. 하지만 우리 학교 학생 누군가가 주워서 먹지 않겠어?"

"넌 성인군자냐? 랑이가 못 먹게 됐는데 그런 말이 나오냐고."

나는 괜한 순신이에게 투덜거렸습니다. 빠뜨린 건 내 잘못이지만 너무 속상했습니다.

"그런 게 아니라 네가 너무 맘 상해 하니까 하는 말이지."

"그러려면 '아무라도' 가져가 먹는다고 하는 게 맞는 거 아니겠어?"

지금 빼빼로가 없어져 속상한데 호사는 또 무슨 딴소리를 하려고 저러는 거지요? 틀림없이 의미가 어쩌고 그러면서 입을 열 거예요. 순신이 말에 뭔가 생각난 게 분명하다고요.

"그러네. '우리 학교 학생' 이렇게만 따로 떼어 놓을 필요는 없겠지. 학교 주변에 떨어뜨렸다고 우리 학교 학생들만 그걸 주울 수 있는 건 아니니까. 어쩌면 교장 선생님이 가져갈 수도 있지 않겠어?"

호사 말에 잠깐 생각하던 순신이가 대답했습니다. 그러면서 킬킬 웃지 뭐예요. 교장 선생님이 빼빼로를 주워서 드시는 상상을 하니 우스운지 자기가 말해 놓고 자기가 키득거리네요. 나 참.

3 같을 수도, 다를 수도

"야, 어떻게 나누지 않을 수 있니. 나와 남, 우리 학교 학생과 다른 학교 학생은 분명히 나뉘는 건데. 랑이랑 다른 사람들이랑은 다른 거잖아. 그러니까 랑이가 빼빼로를 받는 것과 남이 그걸 가져가는 건 다르다고."

그렇잖아도 선물을 잊어버려 기분이 그런데 호사와 순신이가 딴소리들을 하고 있으니 맞장구치고 싶지 않았습니다. 사실이 그렇잖아요? 예빈이가 그 예쁜 입으로 빼빼로를 먹는 거랑, 호사 녀석이 그 큰 입으로 우적우적 먹는 거랑 어떻게 같겠어요?

"물론 나와 남은 다르고, 우리 학교와 다른 학교는 같지 않지만, 크게 보면 나와 남 모두 사람이고, 우리 학교와 다른 학교는 모두 학교이고, 그런 뜻에서 학생은 같다는 것이지."

"그럼 우리 학생이라고 해서 화장실도 같은 데 쓸 수 있냐? 다 같은 사람이라고 남자 화장실, 여자 화장실 같이 쓰냐고."

도무지 호사의 말에 동의할 수 없어서 내가 퉁명스럽게 말했습니다.

"바로 그거야. 경우에 따라서는 같을 수도 있고 다를 수도 있는 거지. 우리들 키를 재 보면 조금씩 차이가 있지만, 산 위에 올라가서 사람들을 내려다 보면 누가 큰지 작은지 구별하기 어렵잖아. 조금만 넓은 각도에서 바라보면 우리들의 키 차이는 중요한 것이 아니지."

호사가 진지하게 대답했습니다. 까불대는 호사지만 아는 얘기할 때는 이렇게 진지하다니까요. 하긴 호사 말대로 높은 산에서 보면 사람 키 차이가 얼마나 나겠어요? 나도 저번에 아빠 따라서 등산을 간 적 있는데, 건너편 봉우리에 사람들 걸어가는 거 보니까 너무 멀어서 그런지 사람이라는 것밖에 모르겠더라고요. 남자인지,

여자인지, 애들인지, 어른인지. 그렇지만 여기 땅에서는 말이죠, 내가 훨~씬, 훨씬 크다고요. 호사나 순신이보다 머리 하나가 크다니까요!(약간의 과장 보태서…… 히히.)

"아, 좀 알 것 같아. 우리가 여러 가지를 나누어서 보는 것은 어쩔 수 없는 것이지만, 경우에 따라서 크고 넓게 볼 필요가 있다는 거구나. 나무가 아니라 숲을 봐라, 그런 거?"

순신이가 고개를 끄덕거리며 말했습니다. 마치 뭔가를 크게 깨달은 것 같은 얼굴로요. 득도라도 한 표정인데요? 하여튼 순신이의 오버는 알아줘야 해요.

"이런 얘기를 한 게 공손룡인데……."

"어쩐지, 또 공손룡이냐? 너 공손룡 너무 좋아하는 거 아니야?"

그럴 것 같더라니. 이렇게 유식한 얘기를 호사 혼자 만들어 낼 리는 없죠.

"공손룡의 철학이 마음에 들어서 말이야. 그에 관련한 유명한 일화가 있는데 한번 들어 봐. 옛날에 공손룡과 공천이라는 사람이 초나라 평원군의 집에서 만났을 때의 일이야."

이상하게도 '옛날에~'라고 시작하면 뭔가 재미있는 얘기일 것 같아서 귀가 솔깃해지지 않나요? 호사가 말을 꺼내자 순신이와 나는 귀를 쫑긋하고 흥미 있게 들었습니다.

"공천이가 뭐라고 말했냐면, '평소 선생님의 명성을 듣고 찾아 왔습니다. 선생님의 제자가 되고 싶습니다. 다만 저는 선생님의 백마론은 받아들이기 어렵습니다. 청컨대 이러한 방법을 포기하신다면 저는 제자가 될 것입니다.' 이에 공손룡이 대답했어. '당신의 말은 모순됩니다. 제가 유명한 것은 백마론 때문입니다. 만일 내가 이것을 포기한다면 더 이상 가르칠 것이 없습니다. 또한 당신이 나를 스승으로 삼고자 한다면 지혜와 학문이 저보다 못하기 때문입니다. 그런데 제가 그것을 포기한다면 이것은 당신이 먼저 나를 가르치고 나중에 나를 스승으로 삼는 것입니다. 이것은 모순입니다.' 라고 말이야."

"캬! 진짜 말 잘 한다. 어쩜 그렇게 똑 부러지는 대답을 하냐?"

순신이가 얘기에 푹 빠져 감탄을 하며 말했습니다. 정말 그렇지요? 공손룡이 이렇게 말을 잘 하는 사람이어서 호사가 좋아하나 봐요. 게다가 아주 논리적으로요.

"그리고 공손룡은 또 이렇게 말했어. '또한 백마비마론은 공자도 받아들인 것입니다. 제가 듣기에 초나라 왕이 사냥터에서 훌륭한 활을 잃어버리고서 초나라에서 잃어버린 활을 초나라 사람이

얻을 것이니 찾을 필요 없다고 했을 때, 이 말에 공자는 초나라 왕은 자애로운 듯하지만 좀 부족하다. 그냥 사람이 잃은 것을 사람이 얻는다고 하면 될 것을 굳이 초나라 사람이라고 붙이는가 하였다고 합니다.' 라고 말이야."

호사가 목소리도 공손룡처럼 내면서 말을 하니 더 실감이 났습니다. 공손룡 같은 목소리가 어떤 건지는 모르겠지만 왠지 호사가 흉내 내는 것과 비슷했을 것 같았지요.

"아, 네가 아까 얘기한 크고 넓게 보기, 그런 말이구나."

순신이가 얼른 아는 체를 했습니다.

"그렇지. 그래서 공손룡의 말에 공천은 아무 대답도 못했대."

정말 콕콕 맞는 소리만 하는데 뭐라고 대답하겠어요. 알면 알수록 공손룡이 꽤 멋진 할아버지로 보이는 걸요. 우리 할아버지만큼 될까?

"나도 이치에 맞고 논리적인 말을 아주 잘했으면 좋겠어. 나중에 변호사가 되면 내 의뢰인들을 위해서 유창하고 멋진 변호를 할 수 있게 말이야. 왜 영화에서도 보면 법정 장면에서 변호사가 얼마나 멋있냐. 햐."

호사가 꿈에 젖어 벌써 변호사가 되기라도 한 것처럼 주먹을 불

끈 쥐었습니다. 그런 모습이 우습기도 하고, 한편 좋아 보이기도 했습니다. 자기의 꿈을 위해 벌써 결심하고 준비하고 노력하는 모습이 말이에요. 호사는 틀림없이 자기 꿈을 이룰 거예요. 그럼요.

4 이름 덕분에

"어! 랑이 왔다!"

순신이가 교실 뒷문으로 들어오는 랑이를 보며 반갑게 외쳤습니다. 수업이 막 시작될 참인데 랑이가 살그머니 들어오고 있지 않겠어요.

"야, 너 몸은 이제 괜찮은 거야? 오늘도 못 오는 줄 알았잖아. 왜 이렇게 늦었어? 진짜 괜찮아? 응?"

호사와 순신이가 번갈아가며 질문을 해댔습니다. 반가워서 둘다 그러는 거였죠. 항상 붙어 다니던 우리 사총사였는데 랑이가 빠진 이틀이 엄청 길게 느껴졌거든요.

"응. 아빠가 회사 나가시면서 태워다 주고 가셨어. 이젠 아무렇지도 않아."

그러면서 랑이가 씨익 웃어 보이네요. 녀석의 얼굴이 조금 홀쭉해진 것 같았습니다.

"개동이가 너 주려고 빼빼로 가져오다가 그만 어딘가 빠뜨렸대. 그래서 얘 엄청 속상해했거든."

호사가 내 얼굴을 흘끗 보면서 랑이에게 말을 해 주었습니다. 어제 자기가 먹어 버린 것이 좀 미안했는지, 아니면 변호사 되는 연습을 하려는지, 내 말을 대신 해 주네요. 아, 그러고 보니 아몬드 빼빼로 두 개 물어내기로 했는데 이 녀석 가져오지도 않았나 보네요. 그럼 그렇지, 호사를 믿는 게 아니었어요.

"아, 이게 그럼 개동이가 주려던 것이었구나."

"어! 어떻게 이걸 네가 가지고 있어?"

랑이가 빼빼로 두 개를 꺼내 보이자 깜짝 놀란 내가 물었습니다.

"응, 학교 운동장으로 걸어오는데 바닥에 이게 떨어져 있더라. 그런데 이름이 떡 하니 써 있는 게, 당연히 내 건 줄 알았지."

"하하, 하긴 랑이 이름 가진 애가 또 있겠어? 호랑이, 호랑이는 랑이 뿐이잖아."

순신이가 재미있다는 듯이 낄낄 웃었습니다.

"과자 껍데기에 웬 이름까지 써 두었냐? 개동이 너도 참 웃긴다."

옆에서 호사가 한마디 했습니다.

"또 네가 홀랑 먹어 버리라고? 이건 주인이 따로 있다, 그러니 아무도 먹지 마라, 그래서 이름 써 놓은 거다, 왜!"

내 대답에 호사가 어이없어 하며 피식 웃고 말았습니다.

"생각해 줘서 고마워, 개동아. 내 이름 덕분에 과자도 찾아 먹고 잘된 일이지 뭐야. 흔한 이름이었으면 내 건지 아닌지 몰랐을 거 아냐. 내 이름 좋지? 덕분에 텔레비전 출연도 하고. 헤헤헤."

자기 이름에 대해 안 좋은 댓글을 보고 마음이 상했던 랑이인데 이제는 정말 괜찮아졌나 봐요. 이름이 좋다고 자랑까지 하는 걸 보면 말이에요.

"공손룡 말대로 넓게 보면 다 같은 사람이고, 친구들 아니냐. 그러니 내가 먹으나 랑이가 먹으나 마찬가지지. 안 그래?"

그러면서 호사가 얼른 과자 하나를 집어가네요. 참 못 말리는 녀석이에요.

"자, 자습 문제들 다 풀었어?"

이크, 언제 오셨는지 선생님이 교단에 서 계셨습니다. 애들하고 떠드느라고 한 문제도 못 받아 적었는데 큰일 났네요. 다 안 해 놓으면 남아서 다 풀어야 할 텐데……. 휴, 기말 고사 100점이라고 얼굴에까지 도장을 쾅 찍어 놓고, 첫날부터 이게 뭐예요. 지각에 나머지 공부에……. 야, 팽개동, 정신 좀 차리자고!

'이름을 바로 잡는다'(정명)는 것은 무슨 뜻인가?

우리가 사용하는 "이름"에는 사람의 명분(신분)과 사물의 명칭이라는 뜻이 담겨 있어요. 따라서 "이름을 바로 잡는다."는 것에도 두 가지 뜻이 있죠. 즉 "사람의 명분을 바로 잡는다."는 것과 "사물의 명칭을 바로 잡는다."는 거예요. 그렇다면 "바로 잡는다."는 것은 무슨 뜻일까요? 이를 위해서는 당시 제자백가의 생각을 살펴볼 필요가 있어요.

제자백가는 공통적으로 혼란스러운 정치와 사회에 따른 신분 문제, 그리고 사물의 급속한 증가에 따른 명칭 혼란의 문제에 대한 원인을 알아내고 대안을 찾고자 했던 사람들이었어요.

따라서 "바로 잡는다."는 것은 덕이 아니라 힘과 명분에 따른 신분 혼란을 해결하기 위한 것이었어요. 그리고 늘어나는 사물의 명칭과 실제 사물 사이에 동떨어져 있는 느낌을 해소하기 위해서이기도 했어요. 따라서 '정명론'이란 먼저 명분에 해당하는 덕이 일치되어야 한다는 것이고, 다음으로는 명칭과 실제 사물이 일치되어야 한다는 뜻이에요. '정명론'에서 명이 명분이나 명칭의 뜻이라면 그에 대응하는 것은 덕과 사물이 돼요. 결국 "바로 잡는다."는 뜻은 명과 실의 일치를 말한답니다.

명가는 특히 명칭과 실제 사물의 일치에 관심을 가졌던 학파에요. 공손룡은 "이름은 실제 사물을 가리키는 것이다."라고 분명하게 정의 내리고 있으며, 이름(명)과 실(실제 사물)이 일치하는 것을 정명이라고 하고, 이에 위배되는 것을 광거라고 지칭했어요.

명가는 당시 혼란스러운 사회 질서를 '정명론'으로 바로잡고자 하였습니다. 따라서 명가가 단순히 개념을 가지고 논다고 쉽게 결론을 짓는 것은 위험합니다. 다만 현실적인 시간과 공간 그리고 운동의 개념 인식에 도달하지 못한 아쉬움은 남아 있습니다.

에필로그

"야~ 눈 온다!"

누군가 소리치는 소리에 얼른 창으로 뛰어가 보니 눈 비슷한 게 내리기는 합니다. 확실히 눈이라고 하기엔 좀 축축하고, 비라고 하기엔 덩어리져 보이고……. 이런 걸 눈비라고 해야 하나?

"작년에 첫눈은 펑펑 왔는데 에이, 올해는 이게 뭐야. 시시하잖아."

"길만 적시고 말겠네. 인심 좋게 많이 좀 쏟아 부어 줘요~."

순신이와 호사가 옆에서 투덜투덜 거립니다. 나는 녀석들이 중얼거리는 소리들을 들으며 조용히 내 자리로 와서 앉았지요. 아직 12월은 안 됐는데 눈이 좀 이른 것 같긴 해요. 첫눈이라고 이름 붙여주기엔 너무 흔적이 적어서 아쉽기도 하고요.

저쪽에 예빈이가 책을 읽고 있는 모습이 보입니다. 애들이 첫눈을 펑

계로 창가에 가서 수선을 떨고 있는 사이에도 책에 몰두하고 있는 게 보기 좋네요. 나는 뭐 하고 있냐고요? 나로 말할 것 같으면, 책상에 수학 문제집을 펼쳐 놓고 벌써 세 번째 문제까지 풀고 있다는 말씀!

나의 이런 변화를 우리 엄마는 사춘기를 거꾸로 보내고 있다고 하더라고요. 몸의 변화도 변화지만 내 행동이 무척 달라졌거든요. 거울 보고 머리에 왁스 바르는 것에만 신경 썼는데 지금은 그런 거 안 한답니다. 외모보다 더 중요한 게 있으니까 말이에요.

엄마가 원래 사춘기에 애들이 외모에 관심 두는 건데 난 반대로 한대요. 일찍 사춘기를 끝내서 이제 정신을 차렸냐고 하더라고요. 엄마 말이 맞는 것 같기도 해요. 그때 랑이의 이름 사건부터 시작해서 나 스스로에 대해 생각도 해 보고, 내 이름값을 제대로 하고 있는 건가 하는 반성도 많이 했거든요. 그래서인지 한참 전 꿈에는 할아버지도 나온 거 있죠.

글쎄 꿈에서 할아버지가, '동쪽이 밝았다, 어서 일어나라' 이렇게 몇 번을 말씀하시는 거예요. 자명종 시계 소리도 잘 듣지 못하고 늦잠을 자던 나였는데 그 소리는 어찌나 생생하던지 저절로 몸이 벌떡 일어나지더라고요.

아마 팽씨 집안의 장손이 너무 게으르게 살고 있는 것이 속상해서 할아버지가 나한테 얘기해 주러 왔나 봐요. 100을 얼굴에 썼던 날은 지키지 못할 약속을 한 거였는데, 할아버지 꿈을 꾼 그 다음부터는 진짜로 달라져야겠다는 생각이 들더라고요.

'팽 개 동' 동쪽 하늘을 열고 높은 경지에 이르라는 내 이름. 할아버지가 깊이깊이 생각해서 내게 주신 이름. 이런 이름을 내가 어떻게 바꾸겠어요. 그리고 호랑이도 그랬지만 특이한 이름이기 때문에 손해보다는 이득이 더 많잖아요? 한 번 들으면 잊어버리지도 않고.

어른이 되면 이름 바꾸겠다는 계획은 취소랍니다. 스타가 된다 해도 개동이라는 이름 계속 쓸 거예요. 왜냐고요? 내 이름에 정들어 버렸으니까! 역시 엄마 말이 맞았어요. 히히.

통합형 논술
활용노트

01 다음 문제를 읽고 물음에 답하세요.

(가)

甲 : 白馬非馬, 可乎? (흰 말은 말이 아니다. 이게 맞는 말이오?)

乙 : 可. (맞소.)

甲 : 何哉? (어째서요?)

乙 : 馬者, 所以命形也. 白者, 所以命色也. 命色者非名形也. 故曰, 白馬非馬.

   (말이라는 것은 형태를 칭하는 것이고, 희다는 것은 색깔을 칭하는 것이오. 색깔을 칭하는 것은 형태를 칭하는 것이 아니지요. 그래서 흰 말은 말이 아니랍니다.)

甲 : 有馬不可謂無馬也. 不可謂無馬者, 非馬也? 有白馬爲有馬, 白之, 非馬何也?

   (말이 있는데 말이 없다고는 할 수 없소. 말이 없다고 할 수 없는 것이 말이 아니오? 흰 말이 있는 것도 말이 있는 것인데, 그것이 희다고 말이 아니다고 하는 것은 왜 그런 것이오?)

乙 : 求馬, 黃.黑馬皆可致. 求白馬, 黃.黑馬不可致. 是白馬乃馬也, 是所求一也. 所求一者, 白者不異馬也, 所求不異, 如黃.黑馬有可有不可, 何也? 可與不可, 其相非明. 如黃.黑馬一也, 而可以應有馬, 而不可以應有白馬, 是白馬之非馬, 審矣!

(그냥 말을 구한다면 노란 말, 검은 말, 모두 올 수 있소. 그러나 흰 말을 구한다면 노란 말, 검은 말은 올 수 없소. 이는 흰 말만이 곧 말이고, 구하는 것이 하나인 것이오. 구하는 것이 하나라면 희다는 것은 말과 다를 바가 없소이다. 구하는 것이 종류가 다르지 않는 것 이면, 노란 말, 검은 말인 경우에는 해당될 수도 해당 안 될 수도 있는데, 왜 그렇소? 해당이 되기도 하고 안 되기도 하는 것은 서로 색의 구분이 분명하지 않기 때문이오. 만일 노란 말과 검은 말이 한 종류라면, 말이 있다고 할 수 있으나, 흰 말이 있다고 할 수 없소. 이것이 흰 말은 말이 아닌 것이니, 틀림없소이다.)

— 공손룡 〈白馬非馬論〉 중

(나)

순간 나는 너무나 화가 났습니다. 분명히 이건 예빈이, 아니지, 랑이 주려고(호사에게는 그렇게 말해 놨으니까요.) 챙겨 놓은 건데 남의 걸 맘대로 가져가 먹다니요!

"너, 내가 말했잖아. 내 빼빼로 먹지 말라고! 나도 참고 안 먹고 있던 건데."

"이건 빼빼로가 아니라 아몬드 빼빼로잖아. 그러니까 나는 네 말을 어긴 게 아니야."

호사가 대수롭지 않게 대답했습니다. 이 호사 녀석, 말 같지도 않은 말을 하고 있지 뭐예요. 나는 더 화가 치밀었습니다.

"무슨 소리야! 빼빼로가 다 빼빼로지, 네가 먹고 있는 게 그럼 빼빼로가 아니냐?"

"물론 아니지. 빼빼로와 아몬드 빼빼로, 딸기맛 빼빼로는 모두 다 다르다고."

"얼씨구! 잘못한 걸 인정할 생각도 안 하고, 무슨 헛소리야."

— 〈공손룡이 들려주는 이름 이야기〉 중

1. 제시문 (가)에서 乙이 한 말을 요약하여 정리해 보세요.

2. 제시문 (나)에서 등장인물들이 과자 빼빼로를 가지고 다투고 있습니다. 다투는 원인을 제시문 (가) 내용에 비추어 설명해 보세요.

02 다음 제시문을 읽고 물음에 답하세요.

(가)

"흰 말이 왜 말이 아니냐면 '말'은 어떤 형체를 가리키는 것이잖아. 그
런데 '희다'는 것은 빛깔을 가리키는 것이잖아. '백마'는 뭐겠니? '말'
이란 형체 위에 '흰' 색깔을 더한 거잖아. 그러니까 원래 형체와 다르다
는 거야. 만일 어떤 사람이 말을 원한다면 누런 말, 검은 말 등 여러 종
류의 말을 가져다 줄 수 있지만, 그 사람이 흰 말을 원한다면 누런 말이
나 검은 말을 줄 수 없다는 거지. 그러므로 백마는 말이 아니야. 논리적
으로 본다면 부분은 전체와 같지 않음을 뜻한다 할 수 있지."
(중략)

(나)

"빼빼로도 그래. 너는 빼빼로를 먹지 말라고 했지, 아몬드 빼빼로를 먹
지 말라고 한 건 아니잖아. 아몬드 빼빼로는 빼빼로와 달라. 형체는 같
지만 겉에 아몬드를 붙여서 원래의 형체와 달라졌잖아. 나는 절대 빼빼
로를 먹은 게 아니야. 그러므로 너의 말을 어긴 것도 아니고. 안 그래?"

― 〈공손룡이 들려주는 이름 이야기〉 중

(다)

"아킬레우스는 거북이보다 10배 빠릅니다. 하지만 거북이가 10m 앞서 있습니다. 그러므로 아킬레우스가 10m를 가면 거북이는 그것의 10분의 1인 1m를 가게 될 것이고, 다시 아킬레우스가 1m를 쫓아가면 거북이는 그것의 10분의 1인 0.1m를 앞설 것이며, 다시 아킬레우스가 0.1m를 따라가면 거북이는 다시 0.01m를 앞서 있게 될 것입니다. 따라서 거북이는 항상 아킬레우스보다 아주 조금이라도 앞서게 되므로 아킬레우스는 거북이를 영원히 따라잡을 수 없습니다."

– 〈과학공화국 수학법정 2 수와 연산〉(자음과모음) 중

1. (가)와 (나)의 논리적 구조를 파악한 후 (다)를 읽고, 이 주장들의 공통점을 분석해 보세요.

03 공손룡은 〈장자〉의 '추수' 편에서 "나는 다른 것과 같은 것을 한데 합치기도 하고, 한데 붙어 있는 개념을 떼어 놓기도 했다. 나는 옳지 않은 것을 옳은 것으로 만들고 불가능을 가능으로 만들어서, 모든 사람들이 알고 있는 것들을 혼란에 빠뜨렸다."라고 말했습니다. 이런 말로 인해 공손룡은 궤변가로 불리며 많은 비난을 받았습니다.

아래의 글은 공손룡을 비판하는 글입니다. 글을 읽고 공손룡이 왜 이런 비판을 받았는지를 생각해보고 공손룡의 입장을 옹호해 보세요.

"공손룡은 사실 예로써 받들어 줄 하등의 가치도 없습니다. 정말 가치 있는 변론이란 반드시 몇 개 원칙을 파악하여야 합니다. 즉 제일 먼저 명칭의 뜻을 분명히 하여 잘못 사용해서는 안 되며, 둘째로는 만물의 같음과 다름을 구별하여 혼란시키지 말아야 합니다. 마지막으로 진리를 밝혀서 다른 사람들이 들으면 두 번 다시 미혹되지 않아야 합니다. 그렇지 않으면 단지 예리한 말재주에만 의지해서 사실을 왜곡하게 됩니다."

통합형 논술
문제풀이

01 1. 제시문 (가)는 명가사상의 대표 철학자인 공손룡의 〈백마비마론〉 내용입니다. 여기서 乙이 하고 있는 말은 공손룡이 하고 있는 말입니다. 백마비마론에서 공손룡은 '형태와 색깔은 다른 것이기 때문에, 희다(白)는 색깔과 말(馬)이라는 형태를 동시에 부르는 흰 말은 형태뿐인 말(馬)과 다르다.'고 주장하고 있습니다. 그냥 말이라고 하면 흰 말, 검정 말 등 모든 말이 해당될 수 있습니다. 그러나 흰 말이라고 정해서 말하면 흰 말 외에 다른 말은 해당이 되지 않습니다. 그러므로 말과 흰 말은 다른 것이라고 주장하고 있습니다.

2. 주인공이 빼빼로를 먹지 말라고 했는데, 친구 호사는 아몬드 빼빼로를 먹고서는 빼빼로를 안 먹었다고 발뺌하고 있습니다. 호사가 빼빼로를 먹지 않았다고 주장하는 이유는 아몬드 빼빼로는 빼빼로가 아니라고 생각하기 때문입니다.

빼빼로라고 할 때 가장 일반적인 빼빼로가 있습니다. 주인공은 친구들에게 '빼빼로'라고 했지 '아몬드 빼빼로'라고 분명히 지적하지 않았습니다. 호사는 공손룡의 백마비마론을 가지고 와서 아몬드 빼빼로는 초콜릿이 발린 빼빼로(막대 모양 과자)의 형태 위에 아몬드를 뿌려 색깔과 모양이 바뀌었기 때문에 빼빼로가 아니라고 말합니다.

이 주장은 유개념과 종개념으로 설명할 수 있습니다. 동물 '말'이란 유개념 아래에 흰 말, 노란 말, 검은 말 등이 있습니다. 여기에 빼빼로를 비유하면 과자 '빼빼로'란 유개념 아래에 아몬드 빼빼로, 딸기맛 빼빼로, 누드 빼빼로 등이 있습니다. 포함 관계에 있는 사물을 굳이 다르다고 주장하는 것은 조금 억지스러운 면도 있습니다. 하지만 우리가 일상생활에서 단어를 명확히 구분하여 사용하기 위해서는 꼭 필요합니다.

02 (가)와 (나)는 언어를 이용한 궤변입니다. 언어는 본래 사물을 지칭하기 위해 만들어진 것입니다. 그러므로

언어 자체가 가진 논리적 구조도 중요하지만, 언어는 기본적으로 실제 사물을 설명하는 것이 아니라면 의미가 없습니다. 하지만 (가)와 (나)에선 언어가 실제 사물을 가리키는 것이 아니라, 언어 그 자신만을 가리키고 있습니다. 그리고 그것이 실제 현실과 똑같다고 주장하는 것입니다.

그런 점에서 (다)도 비슷합니다. 우리는 보통 물리적 현상을 숫자를 통해 설명하고 해석합니다. 하지만 이 경우엔 오히려 숫자들만의 논리적 질서를 가지고 현상 세계와 같다고 주장하고 있습니다. (가)와 (나)에서 언어가 사물을 왜곡하는 것처럼, (다)에선 수치가 현상을 왜곡하고 있는 것입니다.

던 데에는 나름대로의 뜻이 있었습니다. 공손룡은 어지러운 세상을 바로잡기 위해서는 우선 이름과 실재의 관계를 정확하게 규정하는 것이 필요하다고 보았습니다. 즉, 공손룡은 말과 논리의 문제에 대해 순전히 이론적인 관심을 가지고 접근한 것은 아니었지요. 상식이 통하지 않고 궤변이 난무하는 시대에서 차분하게 말로 설득하는 것은 더 이상 통하지 않는다고 판단해, 오히려 상식을 뛰어 넘는 방법을 택했다고 볼 수 있습니다. 이처럼 비정상적이고 튀는 말도 사실은 사회의 개혁을 추구하려는 실천 정신의 결과인 것입니다.

03 공손룡의 말은 분명 글자 그대로 보면 궤변적인 성격이 있습니다. 따라서 말에만 집착해서 실재를 제대로 알지 못한다거나 말재주에만 신경 쓴다는 비판은 타당성이 없지 않습니다. 하지만 공손룡이 말과 논리의 문제에 각별히 주목했